普通高等教育"十三五"汽车类规划教材

汽车 CAD 技术基础及应用

李胜琴　编
崔淑华　主审

机械工业出版社

本书对汽车零部件设计过程中应用的 CAD 技术及典型 CAD 软件进行了介绍，主要内容包括概论、CAD 建模技术基础、二维设计基础、三维设计基础、工程图的绘制、汽车零件设计综合实例和汽车 CAD/CAE 技术应用实例。本书对汽车 CAD 技术的发展趋势也进行了介绍。

本书可以作为高等院校车辆工程相关专业本科生教材，也可作为汽车行业及相关行业工程技术人员的参考书。

本书配有 PPT 课件，可免费赠送给采用本书作为教材的教师，可登录 www.cmpedu.com 注册下载，或联系编辑（tian.lee9913@163.com）索取。

图书在版编目（CIP）数据

汽车 CAD 技术基础及应用/李胜琴编. —北京：机械工业出版社，2019.5（2024.1 重印）

普通高等教育"十三五"汽车类规划教材

ISBN 978-7-111-62257-4

Ⅰ.①汽⋯ Ⅱ.①李⋯ Ⅲ.①汽车-计算机辅助设计-高等学校-教材 Ⅳ.①U462-39

中国版本图书馆 CIP 数据核字（2019）第 048737 号

机械工业出版社（北京市百万庄大街 22 号　邮政编码 100037）
策划编辑：宋学敏　责任编辑：宋学敏　张丹丹　任正一
责任校对：张　薇　封面设计：张　静
责任印制：李　昂
北京捷迅佳彩印刷有限公司印刷
2024 年 1 月第 1 版第 2 次印刷
184mm×260mm・10.75 印张・281 千字
标准书号：ISBN 978-7-111-62257-4
定价：28.00 元

凡购本书，如有缺页、倒页、脱页，由本社发行部调换

电话服务	网络服务
服务咨询热线：010-88379833	机 工 官 网：www.cmpbook.com
读者购书热线：010-68326294	机 工 官 博：weibo.com/cmp1952
	教育服务网：www.cmpedu.com
封面无防伪标均为盗版	金　书　网：www.golden-book.com

前　　言

本书是普通高等教育"十三五"汽车类规划教材。

本书在编写过程中，坚持注重基础、强化能力、突出重点、学以致用的原则，既注重阐述必要的基础知识，又力求理论联系实际。本书结合汽车产品设计过程，对汽车设计过程中应用的二维及三维设计软件进行了介绍，同时还结合现代设计方法中的逆向工程、虚拟仿真、有限元分析和汽车数字化工程等实践，对汽车零部件设计过程的CAD/CAE技术进行了介绍，指出了汽车CAD技术应用的前景和发展趋势。

全书共七章，主要对汽车零部件设计过程中应用的CAD技术及典型CAD软件进行了介绍，主要内容包括概论、CAD建模技术基础、二维设计基础、三维设计基础、工程图的绘制、汽车零件设计综合实例和汽车CAD/CAE技术应用实例。

本书由东北林业大学李胜琴编写，刘轩龄及冯新园参与了本书的资料搜集及部分案例的整理工作，李宏刚老师参与了第七章案例的校核及验证工作。在本书的编写过程中，还得到了许多同行和相关企业的指导和大力支持，在此表示感谢。

本书由崔淑华教授主审，她对本书的体系和大纲提出了宝贵意见，编者在此表示衷心的感谢。

本书可以作为高等院校车辆工程及其相关专业本科生选修课教材，也可供从事汽车及其零部件设计的工程技术人员参考。

由于编者水平有限，书中难免有错漏之处，诚恳欢迎使用本书的师生及广大读者批评指正，以便再版时订正。

编　者

目 录

前 言
第一章 概论 ······ 1
第一节 汽车 CAD 技术概述 ······ 1
第二节 CAD 技术在汽车行业中的应用 ······ 4
第三节 汽车 CAD/CAE 技术概述 ······ 9
第二章 CAD 建模技术基础 ······ 18
第一节 CAD 系统概述 ······ 18
第二节 几何建模技术基础 ······ 22
第三节 典型 CAD 软件简介 ······ 33
第三章 二维设计基础 ······ 37
第一节 二维草图绘制基础 ······ 37
第二节 二维图形的绘制方法 ······ 42
第三节 文本的绘制 ······ 48
第四节 几何约束 ······ 50
第五节 草图编辑功能 ······ 52
第六节 标注尺寸 ······ 61
第四章 三维设计基础 ······ 66
第一节 UG 软件简介 ······ 66
第二节 基准 ······ 69
第三节 零部件基本特征的创建 ······ 71
第四节 零部件附加特征的创建 ······ 76
第五节 特征的编辑 ······ 84
第六节 零部件装配设计 ······ 87
第五章 工程图的绘制 ······ 93
第一节 工程图的管理 ······ 93
第二节 工程视图的创建 ······ 96
第三节 工程视图的编辑 ······ 101
第四节 工程图的标注 ······ 103
第六章 汽车零件设计综合实例 ······ 107
第一节 零件图的绘制 ······ 107
第二节 装配图的绘制 ······ 122
第三节 三维实体建模 ······ 128
第四节 创建工程图纸 ······ 132
第七章 汽车 CAD/CAE 技术应用实例 ······ 138
第一节 建模与虚拟装配 ······ 138
第二节 建模与逆向工程 ······ 145
第三节 建模与优化设计 ······ 149
第四节 建模与动力学仿真 ······ 156
参考文献 ······ 165

第一章 概 论

CAD 技术广泛应用于汽车领域,带来了汽车设计和生产方式的变革。CAD 技术在汽车行业的应用主要体现在汽车整车及零部件行业,主要有汽车底盘设计、车身设计、零部件设计、模具设计和轻量化设计等领域。随着科技的发展,汽车 CAD 技术正向数字化、集成化、网络化、专业化和多学科等方向发展。

本章主要介绍 CAD 技术的应用及发展、CAE 技术的概念、CAD/CAE 技术的特点及应用。

 学习提示:

- 掌握 CAD 技术的特点。
- 掌握 CAD 技术在汽车行业的应用。
- 掌握 CAD/CAE 技术在汽车行业中的应用。

第一节 汽车 CAD 技术概述

一、汽车设计概述

汽车设计技术在近百年中经历了由经验设计发展到以科学试验和技术分析为基础的设计阶段,自 20 世纪 60 年代中期在设计中引入计算机技术后又形成了计算机辅助设计(Computer Aided Design,CAD)等新方法,并使设计逐步实现半自动化和自动化。

传统的汽车设计是以经验设计为主。经验设计是以已有产品的经验数据为依据,运用一些带有经验常数或安全系数的经验公式进行设计计算的一种传统的设计方法。这种设计由于缺乏精确的设计数据和科学的计算方法,使所设计的产品不是过于笨重就是可靠性差。一种新车型的开发往往要经过设计→试制→试验→改进设计→试制→试验等二次或多次循环,反复修改图样,完善设计后才能定型,设计周期长,质量差。

随着测试技术的发展与完善,在汽车设计过程中引进新的测试技术和各种专用的试验设备,进行科学试验,从各方面对产品的结构、性能和零部件的强度、寿命进行测试,同时广泛采用近代数学物理分析方法,对产品及其总成、零部件进行全面的技术分析和研究,这样就使汽车设计发展到以科学试验和技术分析为基础的阶段。

电子计算机的出现及其在工程设计中的推广应用，使汽车设计技术飞跃发展，设计过程完全改观。汽车结构参数及性能参数等的优化选择与匹配、零部件的强度核算与寿命预测、产品有关方面的模拟计算或仿真分析、车身的美工造型等，以及设计方案的选择及定型、设计图样的绘制，均可在计算机上进行。采用电子计算机作为分析计算手段，由于其计算速度很快且数据容量很大，就可采用较准确的多自由度的数学模型来模拟汽车在各种工况下的运动。采用现代先进的数学方法进行分析，可取得较准确的结果，这就为设计人员分析多种方案进行创造性的工作提供了很大的方便。当前，由于计算机的外部设备及人机方面联系的成就，已将计算机的快速计算和逻辑判断能力、大容量的数据存储及高效的数据处理能力、计算结果的动态图像显示功能与人的创造性思维能力及经验结合起来，实现类似人机对话式的半自动化设计，或与产品设计的专家系统相结合，实现自动化设计。其设计过程可由电子计算机对有关产品的大量数据和资料进行检索，对有关涉及问题进行高速的设计计算，通过计算机屏幕显示设计图形和计算结果；设计人员也可用光笔和人机对话语言直接对图形进行修改，取得最佳设计方案后，再由与计算机连接的绘图设备绘出产品图样。这种利用计算机及其外部设备进行产品设计的方法，统称为 CAD。

二、CAD 技术的内涵及特点

CAD 是把计算机技术引入设计过程利用计算机来完成计算、选型、绘图及其他作业的一种现代设计方法，是设计中应用计算机进行设计信息处理的总称。它包括产品分析计算和自动绘图两部分功能，甚至扩展到具有逻辑能力的智能 CAD。通常所说的 CAD 系统是指由系统硬件和系统软件组成的，兼有计算、图形处理和数据库等功能并能综合地利用这些功能完成设计作业的系统。

CAD 系统具有以下特点：①是产品或工程的设计系统；②CAD 系统应支持设计过程各个阶段，即从方案设计入手，使设计对象模型化；③依据提供的设计技术参数进行总体设计和总图设计；④通过对结构的静态或动态性能分析，最后确定技术参数；⑤在此基础上，完成详细设计和产品设计。所以，CAD 系统应能支持包括分析、计算、综合、创新、模拟及绘图等各项基本设计活动。

CAD 技术在工程设计中有着很广泛的应用，对于结构设计，CAD 软件可以做到包括有限元分析、结构平面设计、结构计算和分析、高层结构分析、地基及基础设计、钢结构设计与加工等方面，此外 CAD 软件还能应用于包括水、电、暖以及管道等各种设备设计。在城市规划、城市交通设计、市政管线设计、交通工程设计、水利工程设计以及其他工程设计和管理等方面，CAD 软件也有着很广泛的应用。

三、CAD 技术的发展过程

1963 年，麻省理工学院的研究小组在美国计算机联合会议上发表了关于 CAD 的论文，开始了 CAD 技术的发展历程，时至今日，CAD 技术已经历了 50 多年的发展，日趋成熟，CAD 技术从出现到现在大致经历了四个历史阶段。

（1）二维绘图阶段　二维绘图阶段主要是在计算机上表达二维几何图素，并且图素之间缺乏联系，很难保持各阶段设计的一致性。因此，此时的 CAD 仅仅是手工绘图板的替代工具。另外，支持系统的硬件价格昂贵，限制了 CAD 的应用。

（2）第二代 CAD 软件　在二维造型基础上引入三维造型，但也只是极为简单的线框模型。这种初期的线框造型系统只能表达基本的几何信息，不具备表达几何数据间拓扑关系的能力，实体拓扑信息以及形体表面信息的缺失使得 CAM（计算机辅助制造）及 CAE（计算

机辅助工程）均无法实现。

（3）三维造型阶段 由于线框系统已经不能满足人们的实际需求，法国的达索飞机制造公司的开发者们，在二维绘图系统 CAD/CAM 的基础上，开发出以表面模型为特点的自由曲面建模方法，推出了三维曲面造型系统（Computer Aided Three-dimensional Interactive Application，CATIA）。它的出现为人类带来了第一次 CAD 技术革命。

实体造型技术能够准确表达零件的大部分几何属性（但不能表达零件的材料信息等物理属性），从 CAD 系统获得的设计数据可以用于 CAM、CAE 等系统，给设计、分析和制造带来了极大的便利。可以说，实体造型技术的普及和应用是 CAD 发展史上的第二次技术革命。创建美国参数技术公司（PTC）公司的技术精英们，开始研制名为 Pro/E 的参数化软件，第一次实现了尺寸驱动零件设计。到了 20 世纪 90 年代，参数化技术开始逐步走向成熟，充分体现出其在许多通用件、零部件设计上简便易行的优势。可以认为参数化技术的应用主导了 CAD 发展史上的第三次技术革命。

（4）变量化技术 参数化技术并没有完全解决所有问题，如全尺寸约束这一硬性规定就干扰和制约着设计者创造力及想象力的发挥，而变量化技术既保持了参数化技术原有的优点，同时又克服了它的许多不利之处。它的成功应用，为 CAD 技术的发展提供了更大的空间和机遇，驱动了 CAD 发展的第四次技术革命。第四次 CAD 技术革命——变量化技术，由于计算机技术的不断成熟，使得现在的 CAD 技术和系统都具有良好的开放性。图形接口、图形功能日趋标准化。综合应用多媒体技术和人工智能、专家系统等技术大大提高了自动化设计的程度，出现了智能 CAD 新学科。目前 CAD 技术仍在不断发展，未来的 CAD 技术将为新产品设计提供一个综合性的环境支持系统，它能全面支持异地的、数字化的、采用不同的设计哲理与方法来设计工作。

总的说来，现今的 CAD 系统采用了统一的数据结构和公用数据库，采用实体造型技术、参数化技术和特征造型技术，给设计人员带来了前所未有的便利。

四、CAD 前沿技术与发展趋势

1. 图形交互技术

CAD 软件是产品创新的工具，一个友好的、智能化的工作环境可以开拓设计师的思路，解放大脑，使人们把精力集中到创造性的工作中。因此，智能化图标菜单、"拖放式"造型和动态导航器等一系列人性化的功能，为设计师提供了方便。此外，笔输入法、草图识别、语言识别和特征手势建模等新技术也正在研究之中。

2. 智能 CAD 技术

CAD/CAM 系统应用逐步深入，逐渐提出智能化需求。设计是一个含有高度智能的人类创造性活动。智能 CAD/CAM 是发展的必然方向。智能设计在运用知识化、信息化的基础上，建立基于知识的设计仓库，及时准确地向设计师提供产品开发所需的知识和帮助，智能地支持设计人员，同时捕获和理解设计人员意图、自动检测失误、回答问题、提出建议方案等，并具有推理功能，使设计新手也能做出好的设计来，现代设计的核心是创新设计，人们正试图把创新技法和人工智能技术相结合应用到 CAD 技术中，用智能设计、智能制造系统去创造性指导解决新产品、新工程和新系统的设计制造，这样才能使产品、工程和系统有创造性。

3. 虚拟现实技术

虚拟现实技术在 CAD 中已开始应用，设计人员在虚拟世界中创造新产品，可以从人机工程学角度检查设计效果，可直接操作模拟对象，检验操作是否舒适和方便，及早发现产品结构空间布局中的干涉和运动机构的碰撞等问题，及早看到新产品的外形，从多方面评价所设计的产品。虚拟产品建模就是指建立产品虚拟原理或虚拟样机的过程，虚拟制造就是指用虚拟原型取代物理原型进行加工、测试、仿真和分析，以评价其性能、可制造性、可装配性、可维护性和成本、外观等，基于虚拟样机的试验仿真分析，可以在真实产品制造之前发现并解决问题，从而降低产品成本。虚拟制造、虚拟工厂和动态企业联盟将成为 CAD 技术在电子商务时代继续发展的一个重要方向。另外，随着协同技术、网络技术和概念设计等面向产品的整个生命周期设计理论和技术的成熟和发展，利用基于网络 CAD/CAPP/CAM/PDM/ERP 集成技术，实现真正的全数字化设计和制造，已成为机械设计制造业的发展趋势。

4. 集成化

计算机集成制造系统（Computer Integrated Manufacturing System，CIMS）是在新的生产组织原理指导下形成的一种新型生产模式，它将 CAD、CAM、CAE、计算机辅助工艺规划设计（Computer Aided Process Planning，CAPP）集成起来。CAD/CAM/CAE/CAPP 的集成是从概念设计开始就考虑到集成，是建立一种新的设计、生产分析以及技术管理的一体化。CIMS 是现代制造企业的一种生产、经营和管理模式，它以计算机网络和数据库为基础，利用信息技术（包括计算机技术、自动化技术和通信技术等）和现代管理技术将制造企业的经营管理、计划、产品设计、加工制造、销售及服务等全部生产活动集成起来，实现整个企业的信息集成，保证企业内工作流、物质流和信息流的畅通，实现企业全局优化，提高企业综合效益和市场竞争力。CIMS 主要包括人员集成、信息集成、功能集成和技术集成。

CAD 技术的集成化将体现在三个层次上：其一是广义的 CAD 功能，CAD/CAE/CAPP/CAM/CAQ/PDM/ERP（Enterprise Resource Planning，企业资源规划）经过多种集成形式，成为企业一体化解决方案，新产品的设计能力与现代企业管理能力的集成，将成为企业信息化的重点；其二是将 CAD 技术采用的算法，甚至功能模块或系统，做成专用芯片，以提高 CAD 系统的使用效率；其三是 CAD 基于计算机网络环境实现异地、异构系统在企业间的集成。应运而生的虚拟设计、虚拟制造和虚拟企业就是该集成层次上的应用，如美国通用汽车公司的生产过程中，大量的零部件生产和装配都通过"虚拟工厂""动态企业联盟"的方式完成，本企业只负责产品总体设计和生产少数零部件，并最终完成产品的装配。

5. 网络化

互联网及其 Web 技术的发展，迅速将设计工作推向网络协同的模式。因此 CAD 技术必须在以下两个方面提高水平：

1）能够提供基于因特网完善的协同设计环境。该环境具有电子会议协同编辑、共享电子白板、图形和文字的浏览与批注异构 CAD 和 PDM（Product Data Management，产品数据管理）软件的数据集成等功能，使用户能够进行协同设计。

2）提供网上多种 CAD 应用服务，如设计任务规划、设计冲突检测与消解和网上虚拟装配等工具。

第二节　CAD 技术在汽车行业中的应用

汽车行业是 CAD 技术最先应用的领域之一，国外一些著名的汽车公司很早就自行开发 CAD 软件。目前 CAD 技术被所有汽车公司所采用，可以说 CAD 技术（包括 CAM、CAE）的应用水平，已经成为评价一个国家汽车工业水平的重要指标。CAD 技术在企业中的成功应用,不仅带来了企业技术上的创新,同时带动了企业经营、管理旧模式的变革,因此它对传统产业的改造、新技术的兴起,以及汽车工业提高国际竞争力等方面,均起到了巨大的推动作用。

一、国外汽车行业 CAD 技术的应用情况

汽车行业是最早应用 CAD 技术的领域之一。汽车工业有技术密集度高、设计要求高等特点,尤其适合 CAD 系统优势的发挥,所以 CAD 技术一开始就在汽车工业中得到了应用。目前,国外的汽车大约每 4 年进行一次换代,而新的乘用车产品的开发周期已缩短至 2~3 年,汽车的每次换代都力求提高汽车的各项性能指标,使外形美观,增加新功能,适应有关排气、噪声、安全、燃料消耗等各种规定指标,应用 CAD 技术可以有效地解决这类问题。

在 CAD 技术发展初期,美国通用公司就自主研发以设计车身为目标的 DAC-1 系统,来分析和综合车身的三维曲线设计,这是最早的 CAD 系统软件之一,是 CAD 技术步入实用性的重要标志。20 世纪 60 年代出现的三维 CAD 系统只是极为简单的线框式系统,这种初期的线框造型系统只能表达基本的几何信息,不能有效表达几何数据间的拓扑关系。CAD 系统的功能主要集中在辅助绘图和有限元分析等计算方面。20 世纪 80 年代初,美国福特汽车公司就开始了 CAD 系统的规划与实施;1985 年,有一半以上的产品设计工作是在图形终端上实现的;20 世纪 90 年代初,其产品开发已达到全面采用 CAD 技术的水平。

20 世纪 70 年代,正值飞机和汽车工业的蓬勃发展时期,期间汽车及飞机在制造中遇到了大量的自由曲面问题,要求更新设计手段的呼声越来越高。法国的达索飞机制造公司率先推出了 CATIA。它的出现,标志着 CAD 技术从单纯模仿工程图样的三视图模式中解放出来,首次实现以计算机完整描述产品零件的主要信息,同时也使得 CAM 技术的开发有了现实的基础。CATIA 为人类带来了第一次 CAD 技术革命,改变了以往只能借助油泥模型来近似表达曲面的落后工作方式。CATIA 的技术革新,使汽车开发手段比旧的模式有了质的飞跃,新车型开发速度也大幅度提高,许多车型的开发周期由原来的 6 年缩短到约 3 年。CAD 技术给使用者带来了巨大的好处及颇丰的收益,汽车工业开始大量采用 CAD 技术。

20 世纪 70 年代,软件商品化程度低,开发者本身就是 CAD 大用户,彼此之间技术保密。只有少数几家受到国家财政支持的军火商在 20 世纪 70 年代冷战时期才有条件独立开发或依托某个厂商发展 CAD 技术,如 CADAM 由美国洛克希德(Lockheed)公司支持,CALMA 由美国通用电气(GE)公司开发,CV 由美国波音(Boeing)公司支持,I-DEAS 由美国国家航空及宇航局(NASA)支持,UG 由美国麦道(MD)公司开发,CATIA 由法国达索(Dassault)公司开发。与此同时,汽车业的巨人也开始开发自己的 CAD 系统,如大众汽车公司的 SURF、福特汽车公司的 PDGS、雷诺汽车公司的 EUCLID,另外,丰田、通用汽车公司等也都开发了自己的 CAD 系统。

20 世纪 80 年代初,CAE、CAM 技术开始有了较大发展,但由于 CAD 系统价格太高,限制了 CAD 技术的市场应用。20 世纪 70~80 年代初,SDRC(Structural Dynamics Research Corporation)公司在当时星球大战计划的背景下,由美国宇航局支持及合作,开发出了许多专用分析模块,用以降低巨大的太空试验费用,同时在 CAD 技术领域也进行了许多开拓,UG 则着重在曲面技术的基础上发展 CAM 技术,用以满足零部件的加工需求。CAD 技术在汽车中得到了广泛的应用。

有了表面模型,CAM 的问题可以基本解决。但由于表面模型技术只能表达形体的表面信息,难以准确表达零件的其他特性,如质量、重心和惯性矩等,对 CAE 的应用十分不利,最大的问题在于分析的前处理特别困难。基于对 CAD/CAE 一体化技术发展的探索,SDRC

公司于 1979 年发布了世界上第一个完全基于实体造型技术的大型 CAD/CAE 软件——I-DEAS。可以说，实体造型技术的普及应用标志着 CAD 发展史上的第二次技术革命，因此，它迅速在汽车工业中得到了应用。

实体造型技术带来了算法的改进和未来发展的希望，但数据计算量庞大，因此以 CV 公司为代表的软件厂商转去攻克相对容易实现的表面模型技术。CV 公司最先在曲面算法上取得突破，计算速度提高较大。

20 世纪 80 年代中期，出现了以 Pro/E 为代表的参数化实体造型软件。进入 20 世纪 90 年代，参数化技术变得比较成熟起来，充分体现出其在许多通用件、零部件设计上存在的简便易行的优势。PTC 与 CATIA、I-DEAS、CV、UG 等大型 CAD 软件在汽车制造业都有了更广泛的应用。

SDRC 公司于 1993 年推出全新体系结构的 I-DEAS Master Series 软件，并就此形成了一整套独特的变量化造型理论及软件开发方法。变量化技术既保持了参数化技术的原有优点，同时又克服了它的许多不利之处。它的成功应用为 CAD 技术的发展提供了更大的空间和机遇。

二、我国汽车行业 CAD 技术的应用情况

我国从 20 世纪 70 年代开始研究和推广 CAD 技术，使得 CAD 技术在国内得到了广泛的应用，并从中取得了不错的经济回报。到目前为止，国内大型制造型企业（如汽车企业）已普遍实施了 CAD 系统，取代手工作业，一些大型汽车企业的 CAD 应用水平也接近国际先进水平。但由于我国 CAD 软件自主研发术水平与发达国家之间存在巨大的差距，国内一些研究机构和公司推出的 CAD 系列软件得不到更广泛的应用，市场占有率低，尤其在 CAD 系统集成方面还是刚刚起步。随着我国市场化程度的加深，市场竞争的加剧，迫使汽车企业必须改变传统的设计、制造、管理和销售模式，来提升企业竞争力和市场应变能力。可以说，实施 CAD 系统是最有效的方式之一。

分析我国制造业和汽车行业 CAD 技术的应用情况，大致可分为以下四种不同的应用层次：

1) 计算机绘图应用层次。这个层次基本上属于"画图板"层次，其特点是提高了绘图效率，从一定程度上加快了产品的设计过程。

2) 三维设计应用层次。从三维着手进行产品设计，采用特征参数化 CAD 系统建立零部件的三维几何模型，实现装配仿真和装配干涉检查，由三维模型生成零件二维工程图。由此可实现无纸设计和有纸制造，即由三维模型→二维零件工程图→加工制造，或者实现无纸设计和无纸制造，即由三维模型→数控加工。

3) 数字化设计应用层次。数字化设计是指用计算机进行产品的设计、工程分析、模拟装配和制造等过程。工程分析是指在设计中利用有限元分析、优化设计及其他分析软件对产品的性能和结构进行分析，以保证产品性能优良、结构合理。数字化设计的目标是建立产品的数字化样机，即产品外形的数字化定义，产品零部件 100% 的数字化定义，产品中机、电、液等主要系统 100% 的数字化定义，产品 100% 的数字化预装配。目前在我国的汽车产品设计中能够做到这种水平的还比较少。

4) 企业信息化应用层次。这个层次的应用体现在 CAD/CAE/CAPP 等的集成，应用 PLM 软件实现企业内部的文档管理、产品结构管理、配置管理以及工作流程管理，实现 CAX/PDM/ERP 的集成等。这一层次是 CAD 技术的深化应用，是现阶段开展制造业信息化工程的主要内容，其目的是达到企业内部乃至企业间的信息交换和共享。目前在实施制造业信息化的汽车整车和零部件生产企业中，根据各自的具体情况，已经在不同程度上实现了这

一应用层次。

进入 21 世纪，CAD 技术已成为汽车设计的主要方法和手段。在我国，汽车产业已初步发展成为我国国民经济的支柱产业，汽车工业也是 CAD 技术应用的先锋。CAD 技术在企业中的成功应用，不仅带来了企业技术上的创新，同时带动了企业经营、管理模式的变革。因此，它对我国传统产业的改造、新技术的兴起，以及汽车工业提高国际竞争力等方面，起到了巨大的推动作用。已步入 21 世纪的我国汽车工业将受到来自跨国汽车公司的巨大生存压力，以及数字化和产品、技术不断创新的严峻挑战。因此，CAD 技术的全面应用是我国汽车工业发展的必由之路，应纳入到汽车企业的发展战略中。

1. 汽车模具 CAD 技术

模具是能生产出具有一定形状和尺寸要求的零件的一种生产工具，也就是通常人们所说的模子。模具生产具有高效、节材、成本低和保证质量等一系列优点。

在 20 世纪 60 年代初期，国外一些汽车制造公司就开始了模具 CAD 的研究，如 DIECOMP 公司研制成功的模具 CAD 系统，使整个生产准备周期由 18 周缩短为 6 周。目前我国已有许多企业采用模具 CAD 技术，取得了丰富的经验和技巧，使模具精度和生产率大为提高，但是由于多方面的原因，尽管有些企业已经实现了无图纸设计，其模具 CAD 工作大多局限于计算机画图（Computer Aided Draft）和二维设计，只有个别企业的汽车模具设计和制造能力接近国际先进水平。此外，我国也出现了一些拥有自主版权的软件，如北京航空航天大学的华正模具研究所开发的 CAD 系统 CAXA 等，解决了生产中的一些问题，但还没有得到很好的推广和使用。

我国在对汽车新车型的开发上远远落后发达国家，其中一个重要原因就是覆盖件模具的设计效率低。我国传统的模具设计方法已不能适应汽车工业的发展需要，而引进国外的覆盖件模具产品花费过高，而且会严重阻碍汽车产品的更新换代。要解决上述问题，就必须研究开发我国自己的模具 CAD 技术，同时在国外先进的通用造型软件基础上进行二次开发无疑是一种必要而又有效的手段。

模具结构设计一般可分为二维设计和三维设计两种，两种方法各有其优缺点。二维设计的优点是设计速度快、占用计算机内存小、对计算机硬件配置要求不高，使用成本低廉；缺点是设计错误不易被发现，不能直接用于分析和加工。而三维设计可实现参数化、基于特征和全相关等，使得产品在设计阶段易于修改，同时也使得并行工程成为可能。另外，三维设计形象、直观，设计结构是否合理能一目了然；但三维设计会导致计算机运算速度慢、软件占用硬盘和内存的空间大、设计速度慢等。

国外汽车覆盖件模具 CAD 技术的发展已进入实质性的应用阶段，不仅全面提高了模具设计的质量，而且大大缩短了模具的生产周期。近些年来，我国在汽车覆盖件模具 CAD 技术的应用方面也取得了显著的进步，但目前依然存在着一些问题，如设计效率低、标准化程度低、专用性差、开发手段落后、用户界面不能满足要求等，为此，模具 CAD 技术主要应向参数化、智能化、集成化和专业化等方面发展。

2. 汽车车身 CAD 技术

传统的汽车车身设计方法的整个过程是基于手工设计完成的，其特点是整个过程是通过实物、模型、图样和样板等来传递信息。

车身是汽车的一个非常重要的总成，占汽车质量和造价的 40%~60%，其设计的好坏直接影响着汽车的使用性能。车身又决定了汽车外形的美观程度，而汽车外形是消费者在购车时首先考虑的因素，对影响消费者的决策起着关键性的作用。同时车身还必须有足够的强度和静刚度、良好的动力学性能指标，达到保证成员安全和延长汽车寿命，防振抗噪，节约能源等目标。

车身 CAD 技术以三维造型为基础。在传统的设计中，由于缺乏有效的辅助工具，开发人员常常以二维为基础进行构思，然后扩展到三维。CAD 技术在车身开发中的应用，使原来的旧模式有了彻底的改观。设计人员通过与 CAD 系统的交互，将自己脑中的概念模式转化为清晰的视觉模式——几何实体，易于优化和改进，提高了工作效率和设计质量。

车身 CAD 技术面向制造和装配。能熟练使用 CAD 进行产品设计的开发人员，主要集中于产品的数学建模，缺乏对制造技术的了解，而未考虑设计产生的数据对后续加工的影响。为了精确加工产品，CAD 系统提供的数据应该面向制造，保证其完整性和一致性，直接作为数控机床的输入数据。

车身 CAD 技术基于产品数据管理（PDM）技术。在车身部件的开发中，可能会有多个车型设计要交替进行，产生多种数据版本，因此引入 PDM 技术，建立统一的 CAD 工程数据库，消除车身开发中各部分内部信息和数据间的矛盾和数据冗余，从而保证开发过程顺利进行。

基于 PDM 的车身 CAD 集成系统结构由用户层、应用层、系统集成层和异构环境处理层组成。其中用户层由处在集成环境中各人员组成，包括设计人员、工艺人员和制造人员等。应用层由 CAX 系统和用户界面组成。系统集成层是整个系统的核心，由具有数据管理、数据操作的应用性软件组成。异构环境处理层提供了集成所需的网络平台、操作系统平台、网络间数据传输与操作等功能。

3. 汽车底盘 CAD 技术

汽车总体布置是汽车设计中重要的一环，对汽车产品质量起决定性的作用。总体布置采用模块化设计，模块之间互相联系，彼此间可以交换数据。

在进行布置设计时，都是在三维空间内进行，因此必须确定零部件位置，这对建立整车坐标系及总成的坐标系很有必要。在已建立的坐标系中建立数学模型，用坐标点的方法完成总成装配。待设计完成后，要进行干涉检查，一般分为位置干涉检查和运动干涉检查。汽车动力性、操纵稳定性和制动性都是性能分析的重要工作。

另外，汽车总布置 CAD 系统是以数据库和图形库为基础的，设计过程中产生的一系列数据对于今后的工作会有很大的帮助，节省工作量。总成图形库存储的是与整车总布置密切相关的零部件，其数据包含了对总成的特征结构和尺寸的描述。总布置数据库主要包含设计中一些中间参数和数学模型运行结果，具有动态性。

4. CAD 技术在汽车轻量化中的应用

汽车减小自重，不仅可以改善汽车的各项性能，还能降低油耗节省资源。有两种途径可实现汽车轻量化，一种是采用复合材料，另一种是减小汽车结构尺寸。为了保证汽车具有较高的安全性，采用缩小尺寸的方式必有一个界度。尽管现如今复合材料已经广泛用于汽车上，但是从整体上来说，还没有完全达到节省资源的目的。为了真正达到节省资源的目的，一方面需要继续研究性能更为优越的轻量化材料，另一方面还必须从设计方面入手。

目前 CAD 系统只能表示实体的几何和拓扑信息，而不能表示材料信息。一个现代化的 CAD 系统应该能建立实体内部的材料信息，即在一个实体内有着不同的材料结构。而许多结构部件要求材料性能在零件内部随位置变化而连续变化，这样做既能满足零件的性能要求，又能节省大量材料，如气缸，其内部承受高温，因此可采用耐高温材料——陶瓷，外部要求具有良好的延展性，可采用金属，因此可以实现陶瓷材料和金属基体间的双向扩散，材料组成呈梯度变化。但是能够同时进行几何设计和材料设计的 CAD 技术，在国内还没有从理论走向实践，这将会成为今后 CAD 技术研究的新亮点。

第三节 汽车 CAD/CAE 技术概述

一、计算机辅助工程概述

计算机辅助工程（Computer Aided Engineering，CAE）是采用虚拟仿真方法对结构（场）的性能进行模拟（仿真），预测其性能，优化结构（场）的设计，为产品研发提供基础，为解决实际工程问题提供依据。早在 1980 年，SDRC 的创始人 J. Lemon 就提出了 CAE 的概念。近年来随着计算机技术的迅速发展，CAE 技术已经成为汽车企业提高产品质量和建立产品开发能力不可缺少的一环。

CAE 技术具体包括工程数值分析、结构与过程优化设计、结构强度与寿命评估、运动学/动力学仿真等。工程数值分析用来分析确定产品的性能，结构与过程优化设计用来保证产品和工艺过程的性能最优，结构强度与寿命评估用来评估产品的设计精度、可靠性以及使用寿命，运动学/动力学仿真用来对 CAD 建模得到的虚拟样机计算其运动学和动力学性能。从过程化和实用化技术发展的角度看，CAE 的核心技术为有限元分析方法与基于虚拟样机的运动学和动力学仿真技术。

1. CAE 技术在汽车产品开发中的全面引入

当前，CAE 技术已越来越广泛地应用于汽车产品的概念设计、详细设计及样车验证中，并在各阶段发挥着不同的作用。

（1）**概念设计阶段** 概念设计阶段确定整个汽车产品的目标定位，确定整车和各系统的性能参数，制订各大总成设计任务书，规定设计控制数据，完成可行性研究报告。概念设计是汽车设计中最重要的阶段，许多整车参数都在此阶段确定。这些参数决定了整车结构尺寸的详细设计。由于整个系统的复杂性，单单依靠设计者的经验无法准确地给出这些数据。基于 CAE 技术及大量经验和试验数据的整车数字化仿真体系，可以模拟整车在不同路况下的实际响应，为各零部件的精确 CAE 分析提供载荷条件，从而进行复杂的非线性动力学分析、关键部件疲劳寿命分析、整车舒适性分析、噪声和振动分析等。

（2）**详细设计阶段** 详细设计阶段的 CAE 技术具有多方面的应用，它能保证设计满足强度、刚度疲劳寿命、振动噪声要求和设计质量控制目标，达到优化设计的目的。这一阶段的工作取决于汽车的性能目标，关键在于建立完善的分析方法和评价策略。

（3）**样车验证阶段** 在产品定型之前，样车可用来验证整车性能是否达到设计目标，进而制订整改方案。CAE 技术与样车验证相结合有助于降低样车制造与试验成本，并大量减少整改次数。样车验证同时也是对 CAE 模型的标定，通过标定后的 CAE 模型可寻找影响特定性能的关键敏感因素，并针对具体问题提出切实有效的解决方案。

笼统地讲，包括整车和零部件在内的每一种汽车产品都可以列为 CAE 技术的应用对象。通过对其中所涉及关键部分的 CAE 分析，可以在早期设计阶段就把握好产品各个方面的性能，及早排除问题。这对于汽车行业来说极为重要，因为问题发现得越早，解决问题的代价就越低。为便于研究，相应于汽车构造的层次关系划分出如下三个应用层级：

（1）**整车层级** 通常需要进行整车运动学和动力学仿真，以模拟实际车辆的行驶状态。这需要建立整车 CAE 模型（虚拟样车），以计算和分析相关整车性能，通常包括动力性、燃油经济性、排放性、平顺性、操纵稳定性、通过性、制动性及 NVH（Noise Vibration

Harshness，噪声、振动与声振粗糙度）等。

（2）**系统层级** 高度复杂的汽车总体构造通常划分为四大系统，即发动机、底盘、车身和电气设备。各系统又可做进一步的细化，如底盘系统又分为四大子系统，即传动系统、行驶系统、转向系统和制动系统。整车 CAE 分析所明确的性能指标参数分解到相关系统和子系统后，即成为确定系统和子系统性能设计目标最主要的依据。系统层级 CAE 分析主要面向系统和子系统的整车匹配，即分解到系统和子系统上的整车性能是否可以实现以及如何实现的问题。

（3）**零部件层级** 主要是对零部件（小总成）的性能与结构分析，如发动机缸体、车身结构、车门密封条、传动轴与万向节、悬架减振器、轮胎与轮毂单元等，以确定它们的性能和力学特性等是否符合总体设计要求，并在必要时进行优化与改进。

在汽车发展历史上，在为汽车企业带来巨大的回报方面，至今还没有什么技术能与 CAE 技术相比。在汽车产品开发中全面引入 CAE 技术，实现全过程虚拟样机仿真已成为当前汽车产品开发技术的重要发展方向之一，其作用集中体现在以下几个方面：

（1）**缩短了产品的研制周期** 在建模和分析过程中采用实体造型和参数化，模型和参数的修改都很方便，最终确定合理的结构参数所需时间得到大幅度的缩短。

（2）**减少了开发费用** 相对于道路试验和室内台架试验而言，利用 CAE 分析汽车整车及零部件的各种性能所需要的费用大幅度减少。

（3）**有利于通过优化等手段开发出性能更为优越的汽车整车和零部件** 如通过优化车架和车身的结构参数减轻整车重量，通过优化行驶系统和转向系统的参数提高整车的操纵稳定性和行驶平顺性等。

当然，从实际应用的角度来说，汽车 CAE 作用的发挥还依赖于两个重要前提：一个是对 CAE 技术的熟练掌握，另一个是要提供最基本的试验数据和相关数据库。这里所指的基本试验数据，是指诸如轮胎特性数据、道路特性数据和各种材料的力学特性等数据。所谓相关数据库是指企业在产品设计和开发过程中不断积累的、能够提供结构形式和主要参数（包括价格、外协情况等）的数据库。除此之外，要更好地实施 CAE 并发挥其作用，必须与 CAD 和 CAM 等结合起来加以综合运用。

2. CAE 技术需要解决的关键问题

CAE 技术可以在提高产品质量和开发能力方面，对汽车企业提供极大帮助。在汽车产品研发的整个过程中，CAE 可以对汽车结构的强度及刚度、车辆的振动和噪声、舒适性（平顺性）、耐久性、碰撞、乘员的安全性，以及动力总成（发动机和变速器）的性能等方面进行分析，判断设计的合理性，对结构进行优化。此外，用 CAE 还可以对冲压成形、铸造和锻造的工艺过程进行模拟，解决产品的制造质量问题。因此，CAE 技术的应用贯穿于汽车新产品开发的始终，对于新产品的造型、性能乃至销售等各方面都有非常重要的影响。

CAE 技术在汽车产品的研发中有如下作用：

（1）**提升汽车产品开发速度** 传统的汽车产品开发过程主要经过规划、设计、样机制作、试验评估及生产等步骤，如图 1-1 所示。

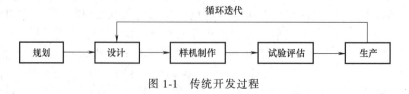

图 1-1 传统开发过程

传统步骤是将设计理念通过绘图表现出来,再经过多次试验最终完成产品开发工作。显然,如果能尽量减少设计、样机制作及试验评估的次数,会大大提高产品的开发速度。在汽车样车生产之前的设计环节,引入 CAE 技术能减少样车生产与试验评估的次数,如图 1-2 所示。可以看出,引入 CAE 技术后,样车制作及试验评估只需进行一次。

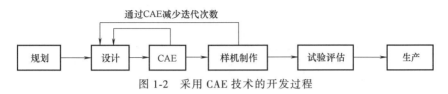

图 1-2 采用 CAE 技术的开发过程

(2) **概念设计阶段的 CAE 应用** 概念设计是汽车设计中最重要的阶段,图 1-3 所示为结合 CAE 的汽车概念设计流程。

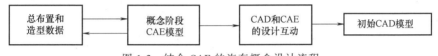

图 1-3 结合 CAE 的汽车概念设计流程

概念设计阶段确定汽车产品的目标定位,确定整车和各大总成(如车身发动机、底盘、控制系统等)的性能参数,制订各大总成设计任务,规定设计控制数据,完成可行性研究报告。概念设计阶段决定了车辆整体的结构性能,要求设计人员具有丰富的设计和制造经验。

单纯依靠经验和样车试验,无法形成完整科学的设计控制指标。采用 CAE 技术驱动汽车结构设计的方法,在详细的 CAD 设计之前介入对各种方案的粗略分析,定量地分配强度和刚度等设计控制指标,并设置碰撞安全性目标和 NVH 性能等目标,明确车辆动态性能的设计要求。

以 CAE 分析驱动结构设计方法与将 CAE 放在 CAD 设计之后的传统设计方法相比,具有以下优势:在设计初期基于简单的 CAE 模型可以进行结构性能的优化;通过 CAE 分析力传递过程可以在设计初期确定适当的结构材料,以满足性能要求;一旦在设计过程中确定了主要的截面尺寸和载荷路径,设计人员就较容易使用概念结构的模板建立详细的 CAD 模型,有助于缩短开发周期。

(3) **详细设计阶段的 CAE 应用** 详细设计阶段的 CAE 技术具有传统的应用,它能保证设计满足强度、刚度、疲劳寿命、振动、噪声要求和设计质量控制目标,达到优化设计的目的。CAE 技术应用于汽车产品的开发过程中,面对的具体问题复杂多样,如采用有限单元法计算零件的应力和变形,并进行强度和刚度分析;采用多刚体动力学方法进行整车的操纵稳定性和行驶平顺性的动态仿真分析;采用有限单元法进行碰撞分析;采用有限单元法和边界单元法进行噪声分析等。可以说,CAE 在汽车产品开发过程中所发挥的作用已经无法取代。这一阶段的工作取决于汽车的性能目标,关键在于建立完善的分析方法和评价策略,主要包括以下分析内容:

1) 系统动力学分析。汽车系统动力学分析主要研究汽车的行驶性和操纵性等。通常采用多体(多刚体、多柔体)系统动力学分析方法。在研究过程中需要处理如下基本问题:

① 坐标系选择问题。相对坐标法是目前常用的方法,它的特点是每个体上固结一个局部坐标系;绝对坐标法则用系统的坐标系表示整个系统的状态,它的计算效率低,较少采用。

② 柔性体离散化问题。柔性体本质上是无限自由度系统，为适应计算机数值计算的要求，必须对柔性体进行离散化，可用的方法有假设模态法、有限段方法和有限单元法等。有限单元法与模态分析法相结合是常用的方法，该方法将系统的物理坐标变换为模态坐标，从而大大减少了系统的自由度数目。

③ 建模方法选择问题。建模方法主要有牛顿-欧拉方程（矢量力学方程），可对隔离体建立动力学方程；拉格朗日方程（分析力学方程），它从系统的能量角度入手建立动力学方程；凯恩方程，它兼有矢量力学和分析力学的特点，各种动力学原理与方程具有等效性。通常采用有限单元、假设模态、校正模态和奇异扰动等方法获得柔性体动力学有限维逼近的坐标基，联同关节变量作为广义坐标，通过拉格朗日方程或变分原理导出动力学方程组。

④ 动力学方程数值算法问题。多体系统动力学方程的系数矩阵为高度非线性，其初始条件或因参数的微小变化或因计算误差的积累都有可能导致仿真结果的较大偏差甚至发散。针对上述问题的理论研究至今进展不大。目前在仿真时还都是采用传统的数值积分方法，如四阶 Runge-Kutta 法、Gear 法和 Newmark 法等。

2）疲劳寿命分析。结构的疲劳破坏是其主要的失效形式，因此结构的疲劳强度和疲劳寿命是其强度和可靠性研究的主要内容之一。汽车疲劳寿命分析主要研究汽车整车及各部件的动、静疲劳寿命，它有以下四种分析方法：

① 根据 $S-N$ 曲线进行总寿命评价分析。这是最传统的总寿命分析方法，对裂纹的产生和扩展不加以明确区分，能够预测到有较大的损伤和破坏后的总寿命。当然，这种方法也能够对材料在系列循环载荷作用下各部位的损伤度和剩余寿命进行评价。

② 根据 $\varepsilon-N$ 曲线进行萌生寿命分析，即所谓的"裂纹萌生分析法"。它根据关键点的应变来预测疲劳寿命，一般用于对整个结构的安全可能造成致命危险的高应变区域。

③ 根据线弹性破坏力学进行裂纹扩展分析。这是一种建立在线弹性破坏力学理论基础上的预测裂纹扩展的方法，一般适用于结构的损伤容限设计。

④ 疲劳寿命灵敏度分析及优化。它可对不同材料、焊接类型、载荷大小、各种修正法、耐久性可靠度、表面加工处理、残余应力和应力集中等设计因素进行灵敏度分析及优化设计。

3）碰撞分析。涉及碰撞模拟和乘员保护。汽车碰撞安全标准中包含五个方面的内容，即前撞、后撞、侧撞、顶部压垮和侧门强度。目前，碰撞分析方法主要包括有限单元法、多刚体系统动力学方法和机械振动学方法。显式有限单元法是汽车碰撞仿真中最常用的方法。汽车碰撞分析主要进行车身结构的耐撞性研究、碰撞生物力学研究和乘员约束系统及安全内饰件研究。

① 车身结构的耐撞性。主要研究汽车（特别是轿车）车身对碰撞能量的吸收特性，寻求改善车身结构抗撞性的方法。在保证乘员安全空间的前提下，使车身变形吸收的碰撞能量最大，从而使传递给车内乘员的碰撞能量降低到最小。目前，车身结构的耐撞性研究通常采用实车碰撞和 CAE 分析相结合的方法。汽车结构的 CAE 模型包括完整的白车身保险杠系统、低速吸能系统前后风窗及车门（带玻璃）、发动机、传动系统及其固定零部件排放系统、悬架系统和轮胎等。

② 碰撞生物力学。主要研究人体在不同形式碰撞中的伤害机理、人体各部位的伤害极限、人体各部位对碰撞载荷的机械响应特性以及碰撞试验用人体替代物。物理试验和 CAE 模型包括各种百分位的假人模型和一系列撞击器模型，如头部、腿部及胸部撞击器模型。

③ 乘员约束系统及安全内饰件。研究目的是尽量避免人体与内饰件发生二次碰撞。其中，乘员约束系统包括驾驶人座椅系统、安全带和安全气囊等。安全内饰件的研究则是使人

体与之发生二次碰撞时，对人体造成的伤害最小。

4）NVH 分析。NVH 特指由噪声和振动而引发的车辆乘坐舒适性与环境影响问题。近年来随着人们环境意识的不断提高，车辆的 NVH 性能正逐渐演变为重要的设计指标，这也是用户所关心的整车性能指标之一。目前，工程中常用的 NVH 分析方法主要有以下几种：

① 多刚体系统动力学方法。主要应用于悬架系统、转向系统、传动系统及动力总成悬置系统等低频范围的建模与分析。

② 有限单元法。一方面，适用于车身结构振动和车室内部空腔噪声的建模分析；另一方面，与多刚体系统动力学方法相结合，分析汽车底盘系统的动力学特性，效率大大提高。常见的有限单元计算方法是由变分法和加权余量法发展而来的里兹法和伽辽金法等。

③ 边界单元法。与有限单元法相比，边界单元法能方便地处理无界区域问题，但计算速度较慢。此法在处理汽车室内吸声材料建模方面具有独特的优点。它与有限单元法都比较适用于中、低频范围。

④ 统计能量分析法。对于中、高频（500Hz 以上）的汽车 NVH 预估，如果采用有限单元法建立模型，将大大增加工作量且准确度并不高。此时，采用统计能量分析法是比较合理的。统计能量分析法可以快速准确地模拟中、高频段声学特性。

5）冲压成形仿真。冲压成形仿真有助于确定产品的可制造性，优化冲压方向、工艺补充、坯料估算和排样。它可以在设计阶段预测产品冲压成形中可能出现的质量缺陷（如起皱和开裂等），进而对结构设计进行优化，以消除成形缺陷。由于汽车车身中的金属覆盖件占的比例最高，钣金件的模具成本是整个制造过程中最大的成本之一，冲压成形仿真是降低废品率、压缩生产成本的有效方法。

6）空气动力学分析。随着车速的提高，汽车外流场空气动力学性能备受关注。当车速小于 350km/h 时（普通汽车车速均小于此限值），外流场空气流体的压缩性可忽略，描述汽车外流场的流体动力学基本方程组为三维不可压缩非定常 $N\text{-}S$ 方程组，可用线性或非线性方法进行求解。其中，有限差分法、有限单元法和有限体积法为求解非线性欧拉和 $N\text{-}S$ 方程组的三种主要数值方法。有限体积法是广泛介于有限差分法和有限单元法之间的离散方法，兼有两者的优点，在汽车空气动力学数值仿真中得到了广泛应用。近年来，汽车外流场空气动力学分析的热点问题是进行汽车高速行驶时的气动噪声分析，分析汽车高速行驶时空气流场对操纵稳定性的影响等。

（4）**工程样车验证阶段**　在汽车产品定型之前工程样车可用来验证整车性能是否达到设计目标，继而进一步制订修改方案。采用 CAE 技术有助于汽车的轻量化及制造成本的控制，并大量减少修改次数，降低试验成本。通过标定后的 CAE 模型可以寻找影响特定性能的关键敏感因素，并针对具体问题提出切实有效的解决方案。

二、汽车 CAD/CAE 概念

在汽车产品开发过程中，设计人员迫切需要一种能对所做的设计进行正确评价和精确分析的工具，而不再仅仅依靠以往积累的经验和知识去估计。鉴于这种目的，人们希望将工程领域里广泛应用的有限元分析方法与 CAD 技术集成，共同实现"设计→评价→再设计"任务的自动化，以提高设计的精确程度和效率。

汽车 CAD/CAE 技术就是通过计算机及图形输入输出设备进行汽车产品的交互设计，并建立产品的数字模型，然后在统一的产品数字模型下进行结构的计算分析、性能仿真、优化设计和自动绘图。汽车 CAD/CAE 技术是用于支持汽车产品开发的计算机辅助设计、分析的理论、方法与工具等相关技术的总称，包括现代设计理论与方法学（如并行设计、协同设计、虚拟设计大规模定制设计和分形设计等），以及与设计工具相关的技术（如产品数字化定义及建模技术、基于 PDM 的产品数据管理与过程管理技术、集成的 CAX 和 DFX 工具智能技术等），能使设计工作实现信息化、集成化、网络化和智能化，达到产品设计质量高、成本低和周期短的目标。

以汽车 CAD/CAE 为基础，还可以将产品的数字模型高效及时地传送并应用到整个汽车企业产品价值链所涉及的各个重要环节，包括工艺规划、工装设计、生产、加工、质量控制、编制技术文档、供应、销售和服务，实现人、财、物、产、供和销等信息的集成管理、科学决策。它从根本上改变了从设计到产品生产整个过程的传统工作方式和管理方法，使设计和制造领域发生了深刻的变革。

随着我国加入 WTO，汽车制造企业不得不参与国际市场竞争，传统的产品开发方式已不再适应企业对产品的时间、质量和成本的要求，特别是基于二维 CAD 的设计过程，只能处理二维图形信息，无法直观地得到三维实体产品模型，进行产品的装配分析、工程分析和物理特性计算等。而汽车 CAD/CAE 设计分析平台，以建立全参数化三维实体模型为基础，再用有限元分析等方法进行关键零部件的强度、稳定性以及整车或零部件的运动性能和动力性能的仿真分析，为汽车企业建立起一套产品开发体系。它支持"自顶向下"和"自底向上"等设计方法，使设计更加符合实际设计过程，比使用二维 CAD 设计的质量高，设计原型错误减少 80%，重复设计减少 50%，节省了时间和资金，可以以大批量生产的速度生产定制产品，缩短产品开发周期，便于企业增进全球性合作。因此，汽车 CAD/CAE 是一种崭新的设计模式，汽车制造企业应从设计和管理两方面分析考虑，通过产品设计手段与设计过程的数字化和智能化，缩短产品开发周期，促进产品设计的数字化，提高企业的产品创新能力。

汽车 CAD/CAE 应包括如下几个方面的内容：

1）建立汽车产品所有零部件及各系统总成和整车的三维 CAD 模型，并使三维模型参数化，适合于变形设计和部件模块化设计。

2）与三维 CAD 模型相关联的二维工程图。

3）零部件和整车的三维 CAD 模型能适合运动分析、动力分析和优化设计。

4）汽车 CAD/CAE 的过程就是基于三维 CAD 的产品开发体系建立的过程，要形成基于三维 CAD 的 PDM 结构体系。

5）从汽车 CAD/CAE 过程中摸索出定制产品的开发模式及所遵循的规律。

6）为了验证和修正 CAD/CAE 模型，需要与整车和零部件的检测与试验相结合。

三、汽车 CAD/CAE 集成的关键技术

在 CAD 与 CAE 技术的集成中，目前存在的主要困难如下：

1）如何实现从几何模型到 CAE 分析模型的自动转换。

2）如何从 CAE 分析的结果出发提出评价和修改设计。

产生有限元分析模型需要把 CAD 建立的几何模型经过简化，并进行网格划分、载荷、约束和材料的定义。而这种模型抽象化的过程常常要依赖于有经验的分析人员，而且需要花费大量的时间和精力。虽然各种有限元分析软件的后处理器凭借优异的图形功能，能以等高线、矢量、阴影、动画、多模型、多窗口、图表和表格等方式表现解析结果，但都不具备对有限元分析结果进行解释和评价的功能。同时，对设计的修改也要由设计者经过分析和判断后自行给出方案，而没有利用计算机强大的计算和推理功能对设计的修改进行优化指导。因此，有必要应用人工智能技术，结合先前积累的知识和经验，建立一个包括有限元分析模型

的建立、分析和解释的专家系统,并加入到 CAD 与有限元分析集成系统中,在"机器专家"的指导下,自动完成有限元分析模型的建立、分析和解释,并可自动评价有限元计算结果,还可修改设计,进一步丰富和完善前后处理功能,使其与设计者共同完成设计的优化。

机械系统自动动力学分析软件(Automatic Dynamic Analysis of Mechanical System,ADAMS)、动力学分析和设计系统软件(Dynamic Analysis and Design System,DADS)等集成了多体系统仿真的基本步骤、动力学理论成果和参数化的建模工具,可以提供静力学、运动学和动力学分析的求解器、功能强大的后处理模块和可视化界面等,极大地提高了机械系统仿真的效率。然而,由于这些软件的重点是在力学分析上,在建模方面还有很多不足,尤其是一些复杂汽车系统零部件的三维建模很难实现,所以很有必要利用 CAD 软件建模来解决这个问题,同时需要合适的接口程序来完成。

特征造型是几何造型技术的延伸,它是从工程的角度,对形体各个组成部分的形状、尺寸及其结构、材料和精度等特征进行定义,使所描述的形体信息具有工程意义。特征模型既包含了低层几何信息,又能为下游的分析和加工提供高层语义信息。因此,实现特征建模是实现 CAD 与 CAE 集成的关键。CAD 与 CAE 技术集成系统的结构如图 1-4 所示。

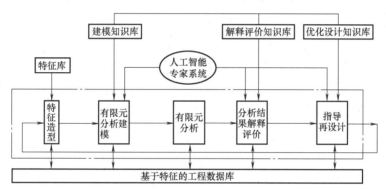

图 1-4 CAD 与 CAE 技术集成系统的结构

1. **特征造型**

设计者通过调用特征库里的特征(必要时自定义特征)进行产品特征建模。在特征造型过程中,设计者要全面周到地考虑设计对象,尽可能地将以后各种应用(如分析、加工等)所要用到的特征信息考虑进来。

2. **有限元分析建模**

从特征的观点看,有限元分析建模就是将设计特征转换成有限元分析特征;从集成的观点看,有限元分析建模就是有限元分析的前处理部分。在建模过程中,专家系统访问建模知识库,利用其中存储的规则进行判断推理;访问基于特征的产品数据库,利用其中的数据信息进行逐步计算,最终形成分析模型。

3. **有限元分析**

目前,有限元求解算法已经比较完善和成熟,工程化的分析软件也不少,可直接应用。

4. **分析结果解释和评价**

在解释评价知识库的指导下,对分析结果进行解释,对本次设计进行评价。该模块决定是否对本次设计进行修改。如果不修改设计,则系统将各种数据存入产品数据库,并将任务交给其他系统;如果需要修改设计则任务转入修改设计模块。

5. 指导再设计

根据优化知识库中的规则做出判断，对产品数据库中的特征信息进行修改，同时对于多种修改方案进行优化选择。

从汽车CAD/CAE总体构架来看，CAD与CAE集成系统有两方面工作要做：一个是基于特征的有限元前处理，另一个是基于特征的有限元后处理。系统存在三个知识库和一个基于特征的产品数据库。建模知识库与前处理相联系，解释评价知识库和优化设计知识库与后处理发生作用。通过规则，这三个知识库分别对前处理和后处理进行驱动。基于特征的产品数据库与集成系统的整个过程相联系，为各个模块提供所需的各种信息。在知识库和产品数据库的支持下，作为后台核心的专家系统控制整个过程的运行，与设计者共同完成"设计→分析→再设计"任务。

四、汽车CAD/CAE技术的应用

近年来，由于市场竞争日益激烈，提高汽车产品及相关过程的质量，降低产品成本和缩短产品开发周期就成了汽车企业生存和发展的关键，因此研究先进的设计方法和理论具有极其重要的意义。CAD/CAE集成技术引起了学术界和企业界的广泛关注，成为研究的热点之一，它对产品设计影响深远，机械行业典型的例子如下：

1）波音777整机设计、部件测试、整机装配以及各种环境下的试飞均是在计算机上完成的，使其开发周期从过去的8年时间缩短到5年。

2）欧洲空中客车采用CAD/CAE集成技术，改变传统产品研制及开发方法，把空中客车的试制周期从4年缩短为2.5年，不仅提前投放市场，而且显著减少了研制费用及生产成本，大大增强了全球竞争能力。

3）作为制造业的中坚，汽车工业一直是CAD/CAE系统应用的先锋。CAD技术的应用，有效地推动了汽车制造业的前进，汽车业的需求也极大地带动了CAD技术的发展。

4）福特汽车公司通过设施C3P（CAD/CAM/CAE/PDM），用一个PDM把CAD、CAE和CAM集成起来，融汇到一个遍布全球的公用数据系统中。一个新车型的开发周期从过去的36个月缩短到18个月甚至12个月，新车开发的后期设计修改减少50%，原型车制造和测试成本减少50%，投资收益提高30%。

5）我国的汽车模具制造业20年前是以传统的手工设计、有经验的钳工师傅为主导的技艺型生产方式为主，模具工业年产值只有约20亿元，模具进出口总额只有约2600万美元，进出口之比是18∶1。而如今，通过CAD/CAE/CAM技术的应用，我国汽车模具制造业已进入到现代模具工业生产的时代，数字化、信息化、CAD/CAM/CAE技术和数控加工机床已普遍采用，成了技术密集型和资金密集型的高技术产业。模具制造水平有了很大的提高，生产的模具精度已达到微米级，模具寿命延长了几十倍，模具生产周期缩短了约3/4，模具标准件的使用覆盖率几乎是从0到现在的45%左右，模具年产值现在已达到450亿元以上，进出口总额达到17亿美元，进出口之比达到4∶1。

五、CAD/CAE集成技术发展趋势

CAD/CAE集成技术的发展趋势体现在以下几个方面：

1. 数字化设计制造集成技术

建立若干行业的产品数字化和智能化设计制造平台，开发面向产品全生命周期的、网络环境下的数字化、智能化创新设计方法及技术，CAE与工艺设计技术，设计、制造和管理

的集成技术。结合装备/产品研制和工程建设，开发以创新设计、敏捷制造和协同管理为主要内容的数字化综合集成技术，突破多业务、多系统和多企业综合集成技术难点，建立数字化综合与协同能力平台，实施集团企业及其合作伙伴、供应商和客户间的数字化综合集成应用，提升集团企业信息化应用水平，增强自主创新能力，引领行业信息化技术发展。

2. 实现 3C 无缝集成

只有当 CAD 系统一次性输入的信息能在后续环节（如 CAE、CAM）中一再被应用才是最经济的。PDM 的电子资料库和文档管理提供了对多种数据的存储、检索和管理功能，是沟通产品设计、工艺部门和 MRP（Manufacturing Resource Planning，制造资源规划）、ERP 之间信息传递的桥梁，使 MRP、ERP 从 PDM 平台自动得到所需的产品信息，如材料清单（BOM）等，ERP 也可通过 PDM 这一桥梁将有关信息自动传递或交换给 3C 系统。目前，PDM 系统是最好的 3C 集成平台，它支持分布、异构环境下的不同软硬件平台、不同网络和不同数据库，不同的 CAD/CAE/CAM 系统都可以从 PDM 中提取各自所需的信息，再把结果放回 PDM 中，从而真正实现 3C 的无缝集成。结合装备/产品研制和工程建设，把产品创新设计方法、协同设计技术、设计制造集成技术等融入 CAD/CAE/CAM/PDM 集成平台，构建产品创新开发平台，实现企业级及企业间的产品开发协同与全生命周期管理，提升企业的核心能力和国际竞争力。

第二章　CAD建模技术基础

在 CAD 中，建模技术是将现实世界中的物体及其属性转化为计算机内部数字化表达的原理和方法，是定义产品在计算机内部表示的数字模型数字信息以及图形信息的工具，是产品信息化的源头，它为产品设计分析、工程图生成、数控加工编程与加工仿真、数字化加工与装配中的碰撞干涉检查、生产过程管理等，提供有关产品的信息描述与表达方法，是实现计算机辅助设计与制造的前提条件，也是实现 CAD/CAM 一体化的核心内容。本章简单介绍 CAD 系统的组成、特点及几何建模技术基础。

学习提示：

- 掌握 CAD 系统的组成。
- 掌握 CAD 系统的功能。
- 掌握几何建模技术。
- 掌握常用 CAD 软件。

第一节　CAD 系统概述

一、CAD 系统的组成

CAD 系统是以计算机硬件为基础，系统软件和支撑软件为主体，应用软件为核心组成的面向工程设计问题的信息处理系统。一般 CAD 系统由硬件和软件两部分组成，如图 2-1 所示。

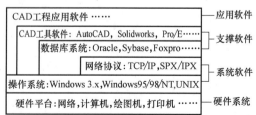

图 2-1　CAD 系统的组成

1. 硬件系统

要想充分发挥 CAD 的作用，必须要有高性能的硬件和功能强大的软件。CAD 系统的硬件是以主计算机为核心，另外还包括显示处理机、显示设备、硬拷贝设备、输入设备及存储装置等一系列计算机硬件，如图 2-2 所示。

（1）**工作站**　工作站包括工程工作站和图形工作站，是为满足用户在工程和图形图像处理上的专业需求和克服原有大型计算机、小型计算机由于其系统庞大，不能适应工程和图形处理中灵活多变的缺点而研制的专用计算机。工作站具有强大的科学计算、丰富的图形处理、灵活的窗口及网络管理等功能，通过网络可以共享系统资源。由于工作站具有便于逐步投资和逐步发展等优点，因而受到了用户的广泛欢迎。

目前，大多数高端 CAD 支撑软件和应用软件主要以工程工作站为运行平台。随

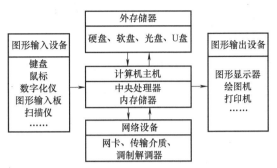

图 2-2　CAD 系统的硬件组成

着工作站本身的性能发展，向上越来越多地覆盖了中、小型机乃至大型机、巨型机的应用领域，向下则可与个人计算机（PC）争夺巨大的低端市场。

（2）PC　PC 系统价格低廉，操作方便，使用灵活。20 世纪 80 年代以后，PC 性能不断翻新，硬件和软件发展迅猛，加之图形卡、高分辨率图形显示器的应用，以及 PC 网络技术的发展，由 PC 构成的 CAD 系统已大量涌现，而且呈上升趋势。随着微机运算和图形处理性能的迅速提高，许多过去只能在工作站上运行的著名高端 CAD 支撑软件（如 CATIA、UGII、Pro/E、I-DEAS 等），目前均有移植到微型计算机上的版本，使微型计算机系统不仅具有较强的分析计算能力，而且还可以满足处理三维图形的要求。但由于微型计算机总体上在运算和图形处理性能上与工作站仍有相当的差距（尽管随着微型计算机性能的迅速提高，二者的差距正在日益缩小），微型计算机 CAD 系统目前主要用于运行中、低端的 CAD 支撑软件和应用软件。

（3）图形输入输出设备　除了计算机主机和一般的外部设备外，CAD 主要使用图形输入输出设备。交互图形系统对 CAD 尤为重要。图形输入设备的一般作用是把平面上点的坐标送入计算机。常见的输入设备有键盘、光笔、触摸屏、操纵杆、跟踪球、鼠标器、图形输入板和数字化仪。图形输出设备分为软复制和硬复制两大类。软复制设备指各种图形显示设备，是人机交互必不可少的；硬复制设备常用作图形显示的附属设备，它把屏幕上的图像复印出来，以便保存。常用的图形显示有三种：有向束显示、存储管显示和光栅扫描显示。有向束显示应用最早，为了使图像清晰，电子束必须不断地重画图形，故又称为刷新显示，它易于擦除和修改图形，适于用作交互图形的手段。存储管显示保存图像而不必刷新，故能显示大量数据，且价格较低。光栅扫描系统能提供彩色图像，图像信息可存放在所谓帧缓冲存储器里，图像的分辨率较高。

2. 软件系统

CAD 系统的软件可以分为三个层次，即系统软件、支撑软件和应用软件。

系统软件是与计算机硬件直接关联的软件，一般由专业的软件开发人员研制，它起着扩充计算机的功能以及合理调度与运用计算机的作用。系统软件有两个特点：一是公用性，无论哪个应用领域都要用到它；二是基础性，各种支撑软件及应用软件都需要在系统软件的支撑下运行。支撑软件是在系统软件的基础上研制的，它包括进行 CAD 作业时所需的各种通用软件。应用软件则是在系统软件及支撑软件支持下，为实现某个应用领域内的特定任务而开发的软件。

（1）系统软件　系统软件主要用于计算机的管理、维护、控制和运行，以及计算机程序的编译、装载和运行。系统软件包括操作系统和编译系统。

1）操作系统。操作系统主要承担对计算机的管理工作，其主要功能包括文件管理（建

立、存储、删除、检索文件）、外部设备管理（管理计算机的输入、输出等外部硬件设备）、内存分配管理、作业管理和中断管理。操作系统的种类很多，在工作站上主要采用 UNIX 和 Windows 2000/NT/XP 等；在微机上主要采用 UNIX 的变种 XENIX、ONIX、VENIX，以及 Windows 系列操作系统。

2) 编译系统。编译系统的作用是将用高级语言编写的程序释译成计算机能够直接执行的机器指令。有了编译系统，用户就可以用接近于人类自然语言和数学语言的方式编写程序，而翻译成机器指令的工作由编译系统完成。这样，就可以使非计算机专业的各类工程技术人员很容易地用计算机来实现其设计目的。

目前，国内外广泛应用的高级语言 FORTRAN、PASCAL、C/C++、VB、VC 和 LISP 等均有相应的编译系统。

（2）支撑软件 支撑软件是 CAD 软件系统中的核心，是为满足 CAD 工作中一些用户的共同需要而开发的通用软件。CAD 支撑软件主要包括图形处理软件、工程分析与计算软件、模拟仿真软件、数据库管理系统（Data Base Management System, DBMS）、计算机网络工程软件和文档制作软件等。

1) 图形处理软件。

① 基本图形资源软件。基本图形资源软件是根据各种图形标准或规范实现的软件包，大多是供各种应用程序调用的图形程序库或函数库，如 CGI、GKS、PHIGS、OpenGL（Open Graphics Library，开放的图形程序库）等。这类基本图形资源软件通常具有与设备无关性，支撑软件和应用软件开发人员可以直接调用，使软件的可移植性得到极大的加强。

② 二维三维绘图软件。此类软件采用人机交互方式，主要用于解决零部件的详细设计问题，最后可输出符合工程要求的零件图或装配图。

③ 几何造型软件。几何造型软件主要用于实现零部件的三维结构设计，存储其三维几何数据及相关信息。通常，几何造型软件包括实体造型和曲面造型，以及近年来得到迅速发展的特征造型和参数化造型等。

2) 工程分析与计算软件。这类软件主要用来解决工程设计中的各种数值计算问题，主要包括如下：

① 常用数学方法程序库。它提供了诸如解微分方程、线性代数方程、数值积分、有限差分，以及曲线曲面拟合等数学问题的计算机程序。

② 有限元法结构分析软件。目前，有限元法在理论与方法上均已比较成熟，而且求解的范围也日益扩大。除了固体及流体力学问题外，还应用于金属及塑料成形、电磁场分析和无损探伤等领域，在工程设计上应用十分广泛。

③ 优化设计软件。优化设计是在最优化数学理论和现代计算技术的基础上，运用计算机寻求设计的最佳方案。随着优化技术的发展，国内外已有许多成熟的算法和相应的优化设计软件。

④ 机构分析及机构综合软件。机构分析是通过确定机构的构成参数（位置、轨迹、速度和加速度等），计算机构的节点力和弹簧力，校验干涉，显示机构的动、静态图及各种分析结果曲线。机构综合就是根据产品的设计要求自动设计出某种机构。

⑤ 机械系统动态分析软件。采用模态分析法来分析系统的振动和噪声等问题。

⑥ 注塑（压铸）模具分析软件。对各种注塑和压铸模具进行液流的流动分析、冷却分析、翘曲分析、收缩分析及结构应力分析，以帮助用户进行合理的零件结构设计和浇道布置设计。

3) 模拟仿真软件。模拟仿真软件包括运动仿真、成型仿真和加工仿真。运动仿真用于大型装配的运动模拟和干涉检验；成型仿真主要用于钣金零件的成型过程模拟及其成型缺陷预测；加工仿真主要用于设计表面的数控加工模拟，以检验过切、少切及加工精度。

4）DBMS。为适应数量庞大的数据处理和信息交换的需要，近年来发展了 DBMS，DBMS 是在操作系统基础上建立的操纵和管理数据库的软件，该系统除了保证数据资源共享、信息保密和数据安全之外，还能尽量减少数据库内数据的重复。用户使用数据库都是通过数据库管理系统，因而它也是用户与数据之间的接口。

CAD 系统需管理的数据量巨大，数据类型及关系复杂，且信息模式是动态的。目前，大型 CAD 支撑软件均有其自身的数据管理系统，用于管理各种工程数据。近年来，产品数据管理系统软件（Product Data Management, PDM）正在产品及工程设计领域的数据管理方面发挥着越来越大的作用。

5）计算机网络工程软件。基于网络的微机-工作站 CAD 系统将成为未来 CAD 的主要使用环境之一。因此，网络工程软件发挥着越来越重要的作用。网络工程软件主要包括服务器操作系统、文件服务器软件和通信软件等。应用这些软件可进行网络文件系统管理、存储器管理、任务调度、用户间通信和软硬件共享等项工作。

6）文档制作软件。文档制作软件主要用于快速生成设计结果的各种报告、表格、文件和说明等，可以方便地对文本及插图进行各种编辑，并支持汉字处理。

(3) **CAD 应用软件** 应用软件是在系统软件、支撑软件的基础上，针对某专门应用领域而开发的软件。这类软件通常由用户结合当前设计工作的需要自行研究开发或委托开发商进行开发，此项工作又称为"二次开发"，如模具设计软件、电器设计软件、机械零件设计软件、机床设计软件，以及汽车、船舶和飞机设计制造行业的专用软件均属应用软件。能否充分发挥已有 CAD 系统的功能，应用软件的技术开发工作是很重要的，也是 CAD 从业人员的主要任务之一。

二、CAD 系统的功能

由于 CAD 系统所研究的对象任务各有不同，所选择的支撑软件各有不同，对系统的硬件配置和选型也不同。系统总体与外界进行信息传递与交换的基本功能是靠硬件提供的，而系统所能解决的具体问题是由软件保证的。

(1) **人机交互功能** 在 CAD 系统中，人机接口是用户与系统连接的桥梁。采用友好的用户界面，是保证用户直接、有效地完成复杂设计任务的基本和必要条件。除此之外，还需有交互设备，以实现人与计算机之间的联络与通信过程。

(2) **图形显示功能** CAD 是一个人机交互的过程，在这个过程中，用户的每一次操作都能从显示器上及时得到反馈，直接取得最佳的设计效果。

产品的造型、构思和方案的确定，系统应能保证用户能够随时观察和修改中间结果，实时进行编辑处理。图形显示功能不仅能够对二维平面图形进行显示控制，还具有对三维实体进行处理等功能。

(3) **存储功能** CAD 系统运行时具有很大的数据量，且伴随着很多算法，将生成大量的中间数据，尤其是对图形的操作、交互式的设计和结构分析中的网格划分等。为保证系统能够正常地运行，CAD 系统必须配置容量较大的存储设备，以支持数据在各模块运行时的正常流通。工程数据库系统更要求具有存储较大空间的能力。

(4) **输入输出功能** CAD 系统运行中，一方面用户需不断地将有关设计要求、计算步骤的具体数据等输入计算机内；另一方面通过计算机的处理，能够将系统处理的结果及时输出。这个输入输出功能也是系统的基本功能。输入输出的信息可以是数值，也可以是非数值，如图形数据、文本和字符等。

三、CAD 系统的种类

根据模型的不同，CAD 一般分为二维 CAD 和三维 CAD 系统。二维 CAD 系统一般将产品和工程设计图样看成是"点、线、圆、弧、文本……"几何元素的集合，系统内表达的任何设计都变成了几何图形，所依赖的数学模型是几何模型，系统记录了这些图素的几何特征。二维 CAD 系统一般由图形的输入与编辑、硬件接口、数据接口和二次开发工具等几部分组成。

三维 CAD 系统的核心是产品的三维模型。三维模型是在计算机中将产品的实际形状表示成为三维的模型，模型中包括了产品几何结构的有关点、线、面、体的各种信息。计算机三维模型的描述经历了从线框模型、表面模型到实体模型的发展，所表达的几何体信息越来越完整和准确，能解决"设计"的范围越广。其中线框模型只是用几何体的棱线表示几何体的外形，就如同用线架搭出的形状一样，模型中没有表面和体积等信息。表面模型是利用几何形状的外表面构造模型，就如同在线框模型上蒙了一层外皮，使几何形状具有了一定的轮廓，可以产生诸如阴影和消隐等效果，但模型中缺乏几何形状体积的概念，如同一个几何体的空壳。几何模型发展到实体模型阶段，封闭的几何表面构成了一定的体积，形成了几何体的概念，如同在几何体空壳中间填满了特定的物质，使之具有了如重量和密度等特性，且可以检查两个几何体的碰撞和干涉等。由于三维 CAD 系统的模型包含了更多的实际结构特征，使用户在采用三维 CAD 造型工具进行产品结构设计时，更能反映实际产品的构造或加工制造过程。

随着 CAD 技术的发展和人们需求的不断提高，人工智能等各类技术逐渐融入到 CAD 系统中，形成了各种基于知识的 CAD 系统（或智能 CAD 系统）。知识的应用使 CAD 系统的"设计"功能和设计自动化水平大大提高，对产品设计全过程的支持程度大大加强，促进了产品和工程的创新开发。

单机 CAD 系统是安装在一台计算机中，进行独立工作的 CAD 系统。在经济全球化和网络技术高速发展的今天，基于因特网/企业内部网的网络化 CAD 系统得到高速发展。网络化 CAD 系统可以在网络环境中由多人、异地进行产品的定义与建模、产品的分析与设计、产品的数据管理和数据交换等，是实现协同设计的重要手段，可为企业利用全球资源进行产品的快速开发提供支持。

专业化 CAD 应用系统是各专业根据各自的设计需要，利用通用 CAD 系统提供的二次开发工具或数据接口功能，将各类专业设计技术研制成 CAD 系统的各类设计工具和知识，从而使设计能直接按照专业设计的方法进行，大大提高了 CAD 系统的"设计"能力和效率。但这类 CAD 系统针对具体的专业进行开发，在专业设计方面不具备通用性。

第二节　几何建模技术基础

一、几何建模技术的概述

产品的设计与制造涉及许多有关产品几何形状的描述、结构分析、工艺设计、加工和仿真等方面的技术。其中几何形状的定义与描述是其核心部分，它为结构分析、工艺规程的生成以及加工制造提供基本数据。所谓几何模型，是把三维实体的几何形状及其属性用合适的数据结构进行描述和存储，供计算机进行信息转换与处理的数据模型。这种模型包含了三维形体的几何信息、拓扑信息以及其他的属性数据。CAD 几何建模则是一种通过计算机及其图形系统来表示、控制、分析和输出几何模型的技术，建模实质就是一个抽象、描述、处理、存储与表达现实物体的过程，也是将需要建立的具体模型转化成计算机能够识别的数据信息的过程，其处理过程如图 2-3 所示。首先，设计人员将现实物体几何抽象描述成想象模型，该想象模型记录了设计早期阶段抽象的设计意图，是产品信息从符号形式演进到几何形式的第一步；其次，设计人员采用点、线、表面和实体来表示不同抽象层次的几何信息，采用统一的表示方法，将想象模型格式转化为信息模型；最后，将抽象的几何设计要素及其相互关系、产品属性等具体的信息加入，使设计意图成为计算机内部的完整模型。

按照对几何信息和拓扑信息的描述及存储方法，几何模型可划分为线框建模、表面建模和实体建模。

几何建模技术产生于 20 世纪 60 年代。当时，人们主要采用线框结构构造三维形体，称为线框模型，它仅包含物体的顶点和棱边的信息，其棱边由直线、圆弧、二次曲线及样条曲线组成。20 世纪 70 年代出现了表面模型，它在线框模型的基础上增加了面的信息，使构造的形体能够进行消隐、生成剖面和着色处理。表面模型后来发展成为曲面模型，用于各种曲面的拟合、表示、求交和显示。20 世纪 70 年代末，实体造型技术逐渐成熟并实用化。所谓实体造型是通过简单体素的几何变换和并、交、差集合运算生成各种复杂形体的建模技术。20 世纪 80 年代末出现了特征造型技术。特征是在更高层

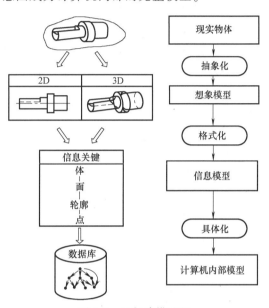

图 2-3 几何建模过程

次上表达产品的功能和形状信息，包含了丰富的工程含义，如精度、公差和表面粗糙度等。因而可以说，特征建模技术的出现和发展是 CAD 技术发展的一个新的里程碑。

二、几何模型的概念

为了利用计算机辅助机械产品及其零部件的设计、工程分析、工艺设计和制造加工等，首先需要对其进行数字化定义，即建立其模型。模型（Model）是所描述对象（Object）的数据组合及数据间的关系，由数据和程序过程混合组成，并按一定的数据结构存储在数据库中。几何模型是所描述对象的形状、大小、位置等几何和拓扑信息的组合。建立对象几何模型的过程称为几何造型，也称为几何建模。具体地说，几何造型就是通过点、线、面和立体等几何元素的定义、几何变换、集合运算等方法构建客观存在或想象中的形体的几何模型，是确定形体形状和其他几何特征方法的总称，它包括以下三个方面：

1) 表示（Representation）。对实际存在的形体进行数学描述。
2) 设计（Design）。创建一个新的形体，调整变量满足既定目标。
3) 图形显示（Rendering）。直观形象地表示出所建模型的图形。

把定义、描述、生成几何模型、并能进行交互编辑的系统称为几何造型系统，目前世界上比较流行的几何造型系统有美国 Spatial Technology Inc 的 ACIS，英国 Electronic Data Systems 公司的 PARASOLID，法国 Metra Datavision 公司的 CAS、CADE 等。

以上述几何造型系统为基础开发的 CAD 软件有 UG、Pro/E、CATIA、Solidworks、Solidedge、AutoCAD 等。

对客观世界或想象的事物进行完整、精确、快速的几何造型是几何造型技术一直不懈追求的目标,从20世纪70年代初第一个几何造型系统问世以来,几何造型技术获得了长足进步,但也仍有不少问题还没有解决或很好地解决,如如何快速准确地录入几何模型的几何信息、拓扑信息和其他特征属性,如何使几何造型过程更加符合使用者的设计过程,如何更好地支持不同软件环境下几何造型的数据共享与协同设计,如何支持创新设计等。

三、表示形体的坐标系

几何元素和形体的定义、图形和图像的显示都需要使用某种坐标系作为参考,对于不同类型的形体和图形,在输入输出的不同阶段需要采用不同的坐标系,以利于图形操作和处理,提高效率和便于使用者理解。常用的坐标系如图2-4所示。

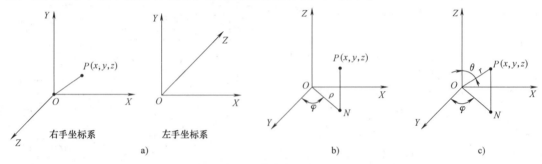

图 2-4 常用的坐标系
a) 世界坐标系 b) 用户坐标系 c) 观察坐标系

1. 世界坐标系

为了描述设计对象的形状、大小和位置等几何信息,要在对象所在的空间中定义一个坐标系,这个坐标系的长度单位和坐标轴的方向要适合对被处理对象的描述,这个坐标系通常就称为世界坐标系(World Coordinate System,WCS)。世界坐标系一般采用右手三维直角坐标系,用于定义整体或最高层形体结构,各种子结构、基本几何元素在造型坐标系中定义,经调用后都放在世界坐标系中的适当位置。

直角坐标系分左手直角坐标系和右手直角坐标系两种。空间任一点 P 的位置可表示成矢量 $OP=x_i+y_j+z_k$,i、j、k 是相互垂直的单位矢量,又称为基底。在直角坐标系中的任何矢量都可用 i、j、k 的线性组合表示。

2. 用户坐标系

用户坐标系(User Coordinate System,UCS)又称为造型坐标系,是右手三维直角坐标系,用来定义基本形体或图素,对于定义的每一个形体和图素都有各自的坐标原点和长度单位,可以方便形体和图素的定义。这里定义的形体和图素经调用可放在世界坐标系中的指定位置。因此造型坐标系又可看作是局部坐标系(Local Coordinates System),而世界坐标系可看作是整体坐标系(全局坐标系)。用户坐标系可以使用直角坐标系、圆柱坐标系、球坐标系和极坐标系。

3. 观察坐标系

观察坐标系(Viewing Coordinate System,VCS)是左手三维直角坐标系,用来产生形体的视图,可在世界坐标系的任何位置、任何方向定义。它主要有两个用途:一是用于指定裁剪空间(窗口),确定形体的哪一部分要显示输出;二是通过定义观察面(即投影平面),

把三维形体的用户坐标变换成规格化的设备坐标。如图 2-4 所示,观察面 $O_s X_s Y_s$ 是在观察坐标系中定义的,其法向量 N 一般与 Z_0 重合。

4. 规格化的设备坐标系

为了使图形处理过程做到与设备无关,通常采用一种虚拟设备的方法来处理,也就是图形处理的结果是按照一种虚拟设备的坐标规定来输出的。这种设备坐标规定为 $0 \leq X \leq 1$,$0 \leq Y \leq 1$,这种坐标系称为规格化设备坐标系(Normalized Device Coordinate System,NDCS)。规格化的设备坐标系用来定义视图区。用户图形数据经转换成规格化设备坐标系中的值,可提高应用程序的可移植性。规格化设备坐标系与其他坐标系之间的关系如图 2-5 所示。

5. 设备坐标系

设备坐标系(Device Coordinate System,DCS)是与图形设备相关联的坐标系,如,显示器以分辨率确定坐标单位,原点在左下角或左上角;绘图机以绘图机步距作为坐标单位,原点一般在左下角。它与其他坐标系之间的关系如图 2-5 所示。

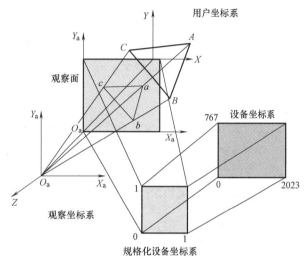

图 2-5 坐标系之间的关系

四、基本几何元素

在几何造型中,形体是由基本几何元素构成的,基本的几何元素主要有点、边、环、面和体素等。

1. 点

点是形体最基本的几何元素,用计算机存储、处理和输出形体的实质就是对点集及其连接关系的处理。

点是 0 维几何元素。分端点、交点和切点等,自由曲线、曲面及其他几何形体均可用有序点集表示。

在自由曲线面的描述中常用以下三种类型的点:

(1) **控制点** 控制点是指用来确定曲线曲面的形状和位置,而相应曲线曲面不一定经过的点。

(2) **型值点** 型值点是指用来确定曲线曲面的形状和位置,而相应曲线曲面一定经过的点。

(3) **插值点** 插值点是指为提高曲线曲面的输出精度,在型值点之间插入的一系列点。

一维空间中的点用一元组 $\{t\}$ 表示,二维空间中的点用二元组 $\{x, y\}$ 或 $\{x(t), y(t)\}$ 表示,三维空间中的点用三元组 $\{x, y, z\}$ 或 $\{x(t), y(t), z(t)\}$ 表示。

2. 边

边是一维几何元素,是两个邻面(正则形体)或多个邻面(非正则形体)的交界。直线边由其端点（起点和终点）定界；曲线边由一系列型值点或控制点表示，也可用显式或隐式方程表示。

3. 环

由有序、有向边（直线段或曲线段）组成的面的封闭边界称为环。环有内外之分，外环确定面的最大外边界，其边按逆时针方向排序；内环确定面中孔或凸台的边界，其边按顺时针方向排序，如图 2-6 所示。因此在面上沿一个环前进，面的内部始终在走向的右侧。环中的边不能相交，相邻两条边共享一个端点。

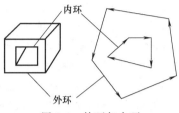

图 2-6 外环与内环

4. 面

面是二维几何元素，是形体上一个有限、非零的区域，由一个外环和若干个内环界定其范围。一个面可以无内环，但必须有一个且只有一个外环。面有方向性，一般用其外法矢量方向作为该面的正向。若一个面的外法矢量向外，此面为正向面；反之，为反向面。区分正向面和反向面在面面求交、交线分类以及真实图形显示等方面都很重要。

几何造型中常用的面包括平面、二次面和双三次参数曲面等。

5. 体素

具有有限个尺寸参数定义，简单并且连续的立体称为体素，如四棱柱、圆柱体、圆锥体和球体等。一般而言，体素有两种定义形式：

1）从实际形体中选择出来的一组单元实体，如棱柱和圆柱体等。

2）由参数定义的一条（或一组）截面轮廓线沿一条（或一组）空间参数曲线做扫描运动而产生的形体。

6. 壳

在几何造型中还有一类几何元素——壳（Shell），也称为外壳，是一些点、边、环、面的集合，它既可以是一个实际形体的表面集合，也可以是一个或若干个面的集合。形体通常是由以上几何元素按六个层次构成的，如图 2-7 所示。

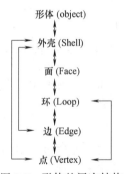

图 2-7 形体的层次结构

五、三维几何建模技术

1. 线框模型

线框模型是 CAD/CAE 领域中应用最早，也是最简单的一种形体表示方法。它采用三维空间的线段表达三维形体的棱边，可以产生任意方向的二维视图，而且还能生成任意观察方向的透视图及轴测图。

在这种建模系统中，三维实体仅通过顶点和棱边来描述形体的几何形状，如图 2-8 所示。线框模型所需信息最少，数据运算简单，所占存储空间较小，对硬件的要求不高，容易掌握，处理时间短。但是线框模型在数

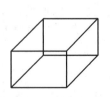

图 2-8 线框建模

据结构中缺少边与边、边与面、面与体之间关系的信息,结构体的空间定义缺乏严密性,拓扑关系缺乏有效性,从原理上讲,此种模型不能消除隐藏线、计算物性、生成数控加工刀具轨迹、有限元网格剖分和物体干涉检验等。

线框模型不适用于对物体需要进行完整性信息描述的场合。但在评价物体外部形状、位置或绘制图样,线框模型提供足够的信息,同时它具有较好的时间响应性,对于适时仿真技术或中间结果的显示是适用的。

采用线框模型描述形体时,由于信息表达不完整,不具备自动消隐的功能。在许多情况下,会对物体形状的判断产生多义性,引起理解上的混淆,也给形体的几何特性、物理特性的计算带来困难。

尽管如此,在现代三维实体造型系统中,仍然需要引入线框模型,以协助实体模型的建立,它普遍被用作虚体特征,参与整个形体的交互式设计过程,成为建立实体特征时的参考;另外,线框模型通常还用来表示二维图形信息,如工厂或车间布局、运动机构的模拟、干涉检验以及有限元网格划分后的显示等,也可以在其他过程中,快速显示某些中间结果。

2. 表面模型

表面模型仅用空间形体的表面来对空间形体进行描述,是在线框模型的基础上,增加有关面、边信息以及表面特征,棱边连接方向等内容逐步形成的。20世纪60年代初期,人们就试图用数学方法来表示(如飞机、船舶和汽车等)具有复杂雕塑曲面外形的形体,产生了Coons、Ferguson、Bezier等方法,其理论基于矢量积的参数多项式与分析参数多项式描述曲面。20世纪80年代后期,非均匀有理B样条(NURBS)方法用于曲线曲面的描述。它把非有理Bezier和非有理B样条曲线曲面都统一在NURBS标准形式中,现已将NURBS作为定义工业产品几何形状的唯一数学方法。

表面模型是在线框模型的基础上增加了有关面与边的拓扑信息,因此表面模型包含了顶点的几何信息,以及边与顶点、面与边之间的二层拓扑信息。表面建模是通过对物体的各个表面或曲面进行描述而构成曲面的一种建模方法。建模时,先将复杂的外表面分解成若干个组成面,这些组成面可以构成一个个基本的曲面元素。然后通过这些面素的拼接就构成了所要的表面。如图2-9所示,就是一个表面的拼接过程。

表面模型在线框模型的基础上增加了表面信息,能够比较完整地定义三维立体的表面,能够以消隐、小平面着色、平滑明暗、颜色和纹理等方式显示形体,如图2-9所示,因而具有很好的显示特性,在很多图形仿真或模拟软件中被广泛采用。但是表面模型没有表明物体内、外部信息,在物性计算、有限元分析和模拟仿真等应用中缺乏完整性,仅适用于描述物体的外壳,主要适用

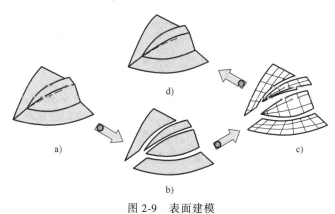

图2-9 表面建模

于其表面不能用简单数学模型进行描述的物体,如飞机、汽车和船舶等的一些外表面。而且利用表面模型能在图形终端上生成逼真的彩色图像,以便用户直观地从事产品的外形设计。另外,表面模型可以为CAD/CAM中的其他场合提供数据,如有限元分析中网格的划分,就

可以直接利用表面模型。

表面模型也有其局限性。由于所描述的仅是形体的外表面，不能切开形体而展示其内部结构，也就无法表示设计对象的体积、重心和转动惯量等几何特性；物体的实心部分在边界的哪一侧是不明确的，使设计者对物体缺乏整体的概念等。

在三维实体造型系统中一般都要引入表面模型来协助完成具有复杂而且光滑的实体表面的造型，因此表面模型仍然占据着重要的位置。

3. 实体模型

实体模型是在表面模型的基础上定义了表面的哪一侧存在形体。实体模型表示的几何形体有严密的数学理论，可通过拓扑关系来检查形体的拓扑一致性，保证实体模型的合法性。

实体模型能够表示几何体的大小、外形、色泽、体积、重心和转动惯量等，是现代设计系统中设计对象的主要表达形式。通过实体模型获得的几何属性，可以在其他的软件模块中进行应力、应变、稳定性和振动等分析，所以实体模型是机械设计自动化的基础。实际上，目前实体模型已在建筑设计、广告设计以及大部分机械类零件设计等领域获得了很大成功。

实体模型不仅描述了实体的全部几何信息，而且定义了所有点、线、面、体的拓扑信息，目前已成为CAD建模的主流技术，如图2-10所示。

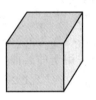  

图 2-10　实体建模

实体模型和表面模型的区别在于：表面模型所描述的面是孤立的，没有方向，没有与其他的面或体的关联；而实体模型提供了面和体之间的拓扑关系，具有方向性，能够方便地确定三维空间中在面的哪一侧存在实体，确定给定点的位置是处在实体的边界面上，还是在实体的内部或外部。

实体模型能够完整地表达形体的几何信息，能进行消隐、渲染、剖切、有限元分析和赋予材质的操作，可满足物理计算、干涉检测、真实感图形生成、数控加工及用集合运算构造形体等应用要求。但实体模型不能显式地标注尺寸，未提供公差、表面粗糙度、材料性能和加工要求等重要的产品制造信息。

实体模型的局限性是无法准确地描述和控制形体的外部形状；只能产生正则形体；不能描述具有工程语义的实际形体，如具有实际工程意义的加工孔和槽等；不能为其后续系统（CAM/CAPP等）提供非几何信息，如材料和公差等。

在几何造型中，采用线框模型、表面模型和实体模型的优缺点和应用范围见表2-1。为了克服某种造型的局限性，在实用化的几何造型系统中，常常组合使用线框模型、表面模型和实体模型，以相互取长补短。

表 2-1　比较三种模型

模型类型	优点	局限性	应用范围
线框模型	结构简单,易于理解,运行速度快	无观察参数的变化,不可能产生有实际意义的形体,图形会有二义性	画二维线框图(工程图)、三维线框图

(续)

模型类型	优点	局限性	应用范围
表面模型	完整定义形体表面,为其他场合提供表面数据	不能表示形体	艺术图形,形体表面的显示,数控加工
实体模型	定义了实际形体	只能产生正则形体,抽象形体的层次较低	物性计算,有限元分析,用集合运算构造形体

六、特征建模技术

对于机械产品及其零部件的建模,几何模型只描述了它的形状及尺寸等几何信息,对后续的强度计算、性能仿真分析和工艺设计、制造都是不够的。自20世纪80年代以来,为了实现CAD/CAE/CAM的集成,人们一直在研究更完整地描述机械产品及其零部件的建模技术,希望产品的模型能够考虑如倒角、圆角、孔和槽等加工特征,以及加工用到的各种过渡面等形状信息和工程信息,如材料和公差等。能够为其他系统如CAE、CAM等提供反映设计人员设计意图的非几何信息,特征造型技术于是应运而生。

特征造型的引入具有两个显著特点,第一,是为设计人员提供了高层的符合设计人员设计思维的人机交互语言,摆脱了传统的基于几何拓扑的低层次交互设计方法,使设计人员的操作对象不再是原始的线条和体素,而是产品的功能要素,如螺孔、定位孔和键槽等。特征的引用体现了设计意图,从而使设计人员集中精力处理较高层次的设计问题,使得设计更加快速、方便而且设计质量也得以保证;第二,由于特征是一个高层次的设计概念,内部包含了大量设计人员的设计意图,这些设计意图对于设计的维护以及后续的分析、综合等过程有着重要意义,对于提高CAD系统的自动化程度以及解决CAD与CAE、CAM在数据交换过程中存在的不连续也有很大的帮助。特征造型面向制造的全过程,是实现CAD/CAE/CAM集成的重要手段。

1. 特征的分类

特征(Feature)一词最早是美国麻省理工学院1978年的一篇学士论文《A feature-based representation of parts for CAD》中提出来的,此后,经过几年的酝酿,特征造型技术的研究便蓬勃展开。1988年,ISO颁布的PDES/STEP标准将形状、公差和材料特征列为产品信息模型的构成要素,使特征造型技术的研究与应用变得更为重要。

特征是为了表达产品的完整信息而提出的一个新概念。一般来讲,特征是指具有一定工程语义或特定属性的几何形状或实体,它既包括了形体的几何信息和拓扑信息,也包括了形体的工程实际意义。由于产品在设计、分析和制造等不同生产阶段的概念模型不一致,造成了在各个阶段人们对特征的认识也不尽相同,也就形成了不同的特征分类方法,一些常用的特征分类见表2-2。

表2-2 一些常用的特征分类

分类方式	特征名称	分类方式	特征名称
从特征的功能与性质分	形状特征	从制造特点上分	毛坯特征
	精度特征		过渡特征
	技术特征		基本特征
	材料特征		表面特征
	装配特征		拼装特征

(续)

分类方式	特征名称	分类方式	特征名称
从产品整个生命周期发展过程分	设计特征	从设计方法上分	孔槽特征
	加工特征		挤压特征
	分析特征		拉伸特征
	检测特征		过渡特征
	公差特征		表面特征
	装配体特征		形变特征
从层次结构上分	总体特征	从复杂程度上分	基本特征
	主要特征		组合特征
	附加特征		复合特征

机械产品的特征按照其功能通常可分为形状特征、精度特征、技术特征、材料特征和装配特征五种。形状特征是描述零件或产品最主要的特征，它具有特定的形状，并且对应特定功能意义的零件局部形状在整体上的布局，如孔、槽、键和凸台等；精度特征包括在工程设计和加工中使用的几何公差、尺寸公差、表面粗糙度等非几何信息，还包括检测特征；材料特征规定了材料的类型、强度、硬度、延展性、热导性和热处理方法等特性；装配特征包括装配体中各零件的位置关系、公差配合、功能关系和动力学关系等；技术特征是有关工艺、加工、安装、检验的技术要求、工程分析等方面的特征。

与造型相关的主要是设计特征或形状特征。设计特征是具有设计语义或功能语义的形状。以图 2-11 所示的零件为例，该零件由四个设计特征组成：一个基础特征、三个附加特征，其中附加特征包括一个通孔特征、一个凸台特征和一个圆角特征。从该例中不难看出设计特征与基本体素在概念上的明显不同。虽然通孔和圆角都是圆柱面，在传统实体造型中都对应于圆柱体基本体素，但由于它们的功能语义各不相同，因此从设计特征的角度出发，它们属于不同的设计特征。设计特征与基本体素的主要区别包括以下三个方面：

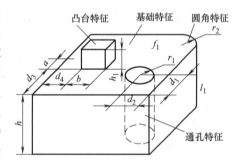

图 2-11 设计特征举例

1）设计特征具有设计语义和功能语义，而基本体素不具有固定的设计语义。

2）基本体素的类型是固定的，是有限的几种或十几种，但设计特征的类型可以是无限的，只要是设计人员感兴趣的形状，大到整个零件，小到单个面都可以定义为设计特征。

3）设计特征是设计人员所熟悉和习惯使用的设计单元，而基本体素只是低层次的三维几何形状构造单元。

2. 特征的参数化

参数化设计是指设计对象的结构形状比较固定，可以用一组参数来约定尺寸关系，参数与设计对象的控制尺寸有显式的对应，设计结果的修改受到尺寸驱动。其核心内容是设计对象的参数化建模和参数化模型的实例化方法。参数化设计允许人们基于已有设计，通过变动尺寸值生成新的设计。参数化设计可以分为二维参数化设计和三维参数化设计两类。参数化设计为设计和修改系列化、标准化零件提供了方便。

参数化设计在 CAD 中是通过尺寸驱动实现的，尺寸驱动的几何模型由几何元素、尺寸约束和拓扑约束三部分组成。当修改某一尺寸时，系统自动检索该尺寸在尺寸链中的位置，找到它的起始几何元素和终止几何元素，使它们按照新尺寸值调整，得到新的几何模型。图 2-12a 是驱动前的图形，尺寸参数为 A、B、C，图 2-12b 所示是修改尺寸 C 为 C' 后的图形，图形修改前后的拓扑关系保持不变。

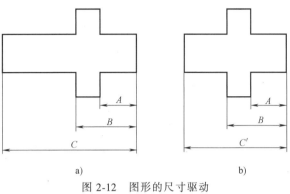

图 2-12 图形的尺寸驱动
a) 参数化图形　b) 修改后的参数化

为了方便特征的设计修改，特征一般采用参数化设计方法。采用参数化定义的形状特征，设计人员只需输入少数几何参数，就可自动生成特征的大量几何信息，还可以方便地修改形状、尺寸、公差和表面粗糙度等信息，满足人们的设计需要。事实上，参数化设计是特征造型的必备功能。

3. 特征的表示

特征的表示主要有两方面的内容：一是几何形状信息，即设计特征或形状特征；二是属性或非几何信息，即其他特征。根据几何形状信息和属性在数据结构中的关系，特征的表示可分为集成表示模式和分离表示模式两种。集成表示模式是将属性信息与几何形状信息集成地表示在同一内部数据结构中；分离表示模式则将属性信息表示在与几何形状信息相分离的外部结构中。

集成模式的优点如下：

1) 可以避免分离模式中内部实体模型数据与外部数据的不一致和冗余。
2) 可以同时对几何模型和非几何模型进行多种操作，因而用户界面友好。
3) 可以方便地对多种抽象层次的数据进行存取和通信，从而满足不同应用的需要。但是，对于集成模式，传统的实体模型不能很好地满足特征模型表达的要求，需要从头开始设计和实施全新的基于特征的表达方案，工作量大。

分离模式则是在传统的实体模型数据结构的基础上附加非几何信息，虽然易于实现，但效率不高。

根据表示方式所描述的内容，形状特征的表示有隐式表示和显式表示之分。隐式表示是特征生成过程的描述，显式表示是有确定的几何、拓扑信息的描述。图 2-13 所示的一个外圆柱体，显式表示含有圆柱面、两底面及边界细节，而隐式表示用中心线、高度和直径来描述。

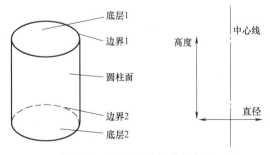

图 2-13 显式表示与隐式表示

隐式表示的特点如下：

1) 采用少量的信息定义形状，简单明了，并可为后续的应用（如 CAE、CAM 系统）提供丰富的信息。
2) 便于将基于特征的产品模型与实体模型集成。
3) 能够自动表达在显式表示中不便或不能表达的信息。

显式表示的特点如下：

1）能够更准确地定义特征形状的几何、拓扑信息，更适合于表示特征的低级信息，能为后续的应用（如 NC 仿真与检验）提供准确的低级信息。

2）能够表示形状复杂而又不便于隐式表示的几何形状（如自由曲面）和拓扑结构。

无论是显式表示还是隐式表示，在实际应用中，单一的表示方式都不能很好地适应特征信息表示的要求，因此，显式与隐式混合是一种能结合各自优点的特征几何形状表示模式。

特征具有明显的层次结构，适合于采用面向对象的方法进行表示。设计特征一般被定义为一个类，主要包括以下属性和方法：

① 几何形状：指特征的边界表示或所对应的基本体素以及特征的正负特性。

② 尺寸参数：分为用户输入参数和导出参数两种，其中导出参数是指由该特征所依附的另一特征决定的参数。

③ 定位参数：指特征局部坐标系的六个参数（三个轴向尺寸和三个绕轴的旋转尺寸），可默认。

④ 几何约束：包括特征的定形约束、定位约束以及尺寸之间的代数约束。

⑤ 公差：指特征组成面应满足的公差。

⑥ 非几何属性：指特征的材料和热处理等属性。

⑦ 实体模型构造方法：指生成特征实体模型的方法。

⑧ 继承规则：指确定导出参数的方法。

⑨ 有效性规则：指为了保证特征具备特定工程语义，其尺寸参数、边界元素所必须满足的条件。

从特征的上述表示不难看出，特征不仅包含基本体素所具有的定形和定位参数，也包含了参数化设计所需要的定形、定位约束信息，因此可以有效地支持实体造型和参数化设计。除此以外，由于特征还包含有效性规则，可以保证特征具有特定的语义，因此具有一定的智能性。特征所包含的公差和非几何属性则使得特征模型还可以支持形状设计以外的其他活动。当然，特征表示的复杂性也给特征库的定义和实例化带来了相当的难度。

4. 特征建模的特点

特征建模技术使产品的设计工作不停留在底层的几何信息基础上，而是依据产品的功能要素，产品设计工作在更高的层次上展开，特征的引用直接体现设计意图。

特征建模技术可以建立在二维或三维平台上，同时针对某些专业应用领域的需要，建立特征库就可实现特征建模技术，快速生成需要的形体。

特征建模技术有利于推动行业内的产品设计和工艺方法的标准化、系列化和规范化，使得产品在设计时就考虑加工和制造要求，有利于降低产品的成本。

特征建模技术提供了基于产品、制造环境和开发者意愿等诸方面的综合信息，使产品的设计、分析、工艺准备、加工和检验各部门之间具有了共同语言，可更好将产品的设计意图贯彻到各后续环节，促进智能 CAD 系统和智能制造系统的开发，特征建模技术也是基于统一产品信息模型的 CAD/CAM/CAPP 集成系统的基础条件。

特征建模技术着眼于更好、更完整地表达产品全生命周期的技术和生产组织、计划管理等多阶段的信息，着眼于建立 CAD 系统与 CAX 系统、MRP 系统与 ERP 系统的集成化产品信息平台。

第三节　典型 CAD 软件简介

一、引进的国外主要软件

1. AutoCAD 及 MDT

AutoCAD 是美国 Autodesk 公司为微机开发的一个交互式绘图软件，是 Autodesk 公司的主导产品。Autodesk 公司是世界第四大 PC 软件公司。目前在 CAD/CAE/CAM 工业领域内，该公司是全球拥有用户最多的软件供应商，也是全球规模最大的基于 PC 平台的 CAD 和动画及可视化软件企业。Autodesk 公司的软件产品已被广泛用于机械设计、建筑设计、影视制作、视频游戏开发及 Web 网的数据开发等重大领域。AutoCAD 是当今世界最流行的二维绘图软件，它在二维绘图领域拥有广泛的用户群。AutoCAD 有强大的二维功能，如绘图、编辑、剖面线和图案绘制、尺寸标注以及方便用户的二次开发功能等，在许多实际应用领域（如机械、建筑和电子）中，一些软件开发商在 AutoCAD 的基础上已开发出许多符合实际应用的软件，它也具有三维作图的部分造型功能。它是目前世界上应用最广的 CAD 软件，占整个世界微机 CAD/CAE/CAM 软件市场的 37% 左右，是诸多微机 CAD 软件中的佼佼者。

MDT（Mechanical Desktop）是 Autodesk 公司在机械行业推出的基于参数化特征实体造型和曲面造型的微机 CAD/CAM 软件。它以三维设计为基础，集设计、分析、制造以及文档管理等多种功能于一体，为用户提供了从设计到制造一体化的解决方案。MDT 的主要功能特点如下：

1）基于特征的参数化实体造型。

2）基于 NURBS 的曲面造型，可以构造各种各样的复杂曲面，以满足（如模具设计等方面）对复杂曲面的要求。

3）可以比较方便地完成几百甚至上千个零件的大型装配。

4）MDT 提供相关联的绘图和草图功能，提供完整的模型和绘图的双向连接。

据称目前已经装机 2 万余套，MDT 的用户主要有中国一汽集团、荷兰飞利浦公司、德国西门子公司、日本东芝公司和美国休斯公司等。

2. Pro/Engineer

Pro/Engineer 系统是美国参数技术公司（Parametric Technology Corporation，PTC）的产品，由于采用面向对象的统一数据库和全参数化造型技术，为三维实体造型提供了一个优良的平台，因此 1988 年一面市就深受用户的欢迎，随后各大 CAD/CAM 公司也纷纷推出了基于约束的参数化造型模块。此外，Pro/Engineer 一开始就建立在工作站上，使系统独立于硬件，便于移植；该系统用户界面简洁，概念清晰，符合工程人员的设计思想与习惯。Pro/Engineer 整个系统建立在统一的数据库上，具有完整而统一的模型，能将整个设计至生产过程集成在一起，它一共有 20 多个模块供用户选择。其工业设计方案可以直接读取内部的零件和装配文件，当原始造型被修改后，具有自动更新的功能。其 MOLDESIGN 模块用于建立几何外形，产生模具的模芯和腔体，产生精加工零件和完善的模具装配文件。基于以上原因，Pro/Engineer 在最近几年已成为三维机械设计领域里最富有魅力的系统。其发布的野火 3.0 版，提供最佳加工路径控制和智能化加工路径创建，允许 NC（Numerical Control）编程人员控制整体的加工路径直到最细节的部分。该软件还支持高速加工和多轴加工，带有多种图形文件接口。

3. I-DEAS Master Series

I-DEAS Master Series 是美国 SDRC 公司 1993 年推出的新一代机械设计自动化软件，其侧重点是工程分析和产品建模，也是 SDRC 公司在 CAD/CAE/CAM 领域的旗舰产品，并以其高度一体化、功能强大和易学易用等特点而著称。它采用开放型的数据结构，把实体建模、有限元模型与分析、计算机绘图、试验数据分析与综合、数据编程以及文件管理等集成为一体，因而可以在设计过程中较好地实现 CAD。通过公用接口以及共享的应用数据库，把软件各模块集成于一个系统中，其中实体建模是 I-DEAS 的基础，它包含了物体建模、系统组装及机构设计等模块。在我国，正式使用 I-DEAS Master Series 软件的用户已经超过 400 家，居于三维实体机械设计自动化软件的主导地位。由于 SDRC 公司早期是以工程与结构分析为主逐步发展起来的，所以工程分析是该公司的特长。

4. CATIA

CATIA 是法国达索（Dassault）飞机公司 Dassault Systems 工程部开发的产品。该系统是在 CADAM 系统基础上扩充开发的，在 CAD 方面购买原 CADAM 系统的源程序，在加工方面则购买了有名的 APT 系统的源程序，并经过几年的努力，形成了商品化的系统，是一个高档的 CAD/CAE/CAM 系统，广泛用于航空和汽车等领域。CATIA 如今已经发展为集成化的 CAD/CAE/CAM 系统，它具有用户界面、管理数据以及兼容的数据库和应用程序接口。它采用特征造型和参数化造型技术，允许自动制订或用户指定参数化设计、几何或功能化约束的变量式设计。根据其提供的 3D 线架，用户可以精确地建立、修改与分析 3D 几何模型。其曲面造型功能包含了高级曲面设计和自用外形设计，用于处理复杂的曲线和曲面定义，并有许多自动化功能，包括分析工具，加速了曲面设计过程。CATIA 提供的装配设计模块可以建立并管理基于 3D 的零件和约束的机械装配件，自动对两零部件间的连接进行定义，便于对运动机构进行早期分析，大大加速了装配件的设计，后续应用则可利用此模型进行进一步的设计、分析和制造。CATIA 具有一个 NC 工艺数据库，存有刀具、刀具组件、材料和切削状态等信息，可自动计算加工时间，并对刀具路径进行重放和验证，用户可以通过图形化显示来检查和修改刀具轨迹。该软件的后处理程序支持铣床、车床和多轴加工。美国波音飞机公司的"波音777"飞机便是其杰作之一。

5. Unigraphics（UG）

UG 是起源于美国麦道（MD）公司的产品，广泛应用于航空航天、汽车、通用机械及模具等领域。UG 是一个集 CAD、CAE 和 CAM 于一体的机械工程辅助系统，应用于航空航天器、汽车、通用机械及模具等的设计、分析和制造工程。目前国内外已有许多科研院所和厂家选择了 UG 作为企业的 CAD/CAM 系统。该软件可在 HP、Sun 和 SGI 等工作站上运行。UG 采用基于特征的实体造型，无论装配图还是零件图设计，都从三维实体造型开始，可视化程度很高。三维实体生成后，可自动生成二维视图，如三视图、轴侧图和剖视图等。具有尺寸驱动编辑功能和统一的数据库，一个零件尺寸修改，可引起相关零件的变化。该软件还具有人机交互方式下的有限元解算程序，可以进行应变、应力及位移分析。UG 的 CAM 模块提供了一种产生精确刀具路径的方法，该模块允许用户通过观察刀具运动图图形化地编辑刀轨，如延伸和修剪等，其所带的后处理程序支持多种数控机床，实现了 CAD、CAE 和 CAM 之间的无数据交换的自由切换。它还具有强大的数控加工能力，可以进行 2~2.5 轴、3~5 轴联动的复杂曲面加工和镗铣。UG 还提供了二次开发工具 GRIP、UFUNG 和 ITK，允许用户扩展 UG 的功能。UG 具有多种图形文件接口，可用于复杂形体的造型设计，特别适合大型企业和研究所使用。

6. SolidWorks

SolidWorks 是生信国际有限公司推出的基于 Windows 的机械设计软件。生信国际有限公司是一家专业化的信息高速技术服务公司,在信息和技术方面一直保持与国际 CAD/CAE/CAM 市场同步。该公司提倡的"基于 Windows 的 CAD/CAE/CAM 桌面集成系统"是以 Windows 为平台,该软件采用自顶向下的设计方法,可动态模拟装配过程,它采用基于特征的实体建模。以 SolidWorks 为核心的各种应用的集成包括结构分析、运动分析、工程数据管理和数控加工等。SolidWorks 是微机版参数化特征造型软件的新秀,该软件旨在以工作站版的相应软件价格的 1/5~1/4 向广大机械设计人员提供用户界面更友好、运行环境更大众化的实体造型实用功能。

7. SolidEdge

SolidEdge 是 Siemens PLM Software 公司旗下的三维 CAD 软件,采用 Siemens PLM Software 公司自己拥有专利的 Parasolid 作为软件核心,将普及型 CAD 系统与世界上最具领先地位的实体造型引擎结合在一起,是基于 Windows 平台、功能强大且易用的三维 CAD 软件。它支持至顶向下和至底向上的设计思想,其建模核心、钣金设计、大装配设计、产品制造信息管理、生产出图、价值链协同、内嵌的有限元分析和产品数据管理等功能遥遥领先于同类软件,是企业核心设计人员的最佳选择,已经成功应用于机械、电子、航空、汽车、仪器仪表、模具、造船和消费品等行业的大量客户。

8. Cimatron

Cimatron CAD/CAM 系统是以色列 Cimatron 公司的 CAD/CAM/PDM 产品,这套软件的针对性较强,被更多地应用到模具开发设计中,该软件能够给应用者提供一套全面的标准模架库,方便于使用者进行模具设计中的分型面和抽芯等工作,而且在操作过程中都能进行动态的检查,可以说该软件在模具设计领域是非常出色的,我国南方的一些模具企业都在使用这套软件,但由于它针对的专业性强,因此 Cimatron 更多地被应用于模具的生产制造业,而其他行业的使用者较少。

二、我国二次开发的主要软件

我国的 CAD/CAM 系统是近几年才起步的,主要依靠于高等院校的开发研制,这一类的软件种类较多,如具有自主版权的清华大学开发的 GHGEMSCAD(高华 CAD);具有三维功能并与有限元分析、数控加工集成的浙江大学开发的 GS-CAD;具有参数化功能和装配设计功能的华中理工大学开发的开目 CAD,该软件也是 CAD/CAM/CAPP 结合的软件,目前在国内的市场中使用也较多;北航海尔的 CAXA 系统是基于 STEP 的 CAD/CAM 集成制造系统,具有拖放式的实体造型并结合智能捕捉与三维球定位技术,在我国市场中出现较早,其功能也相对比较强大,在我国的应用也较为广泛。

1. PICAD

PICAD 系统及系列软件是中科院凯思软件集团及北京凯思博宏应用工程公司开发的具有自主版权的 CAD 软件。该软件具有智能化、参数化和较强的开放性,对特征点和特征坐标可自动捕捉及动态导航;系统提供局部图形参数化、参数化图素拼装机可扩充的参数图符库;提供交互环境下的开放的二次开发工具,用户可以任意增加功能或开发专业应用软件。PICAD 是我国商品化最早、市场占有率最大的 CAD 支撑平台及交互式工程绘图系统,自从1991 年我国推出第一个商品化的二维 CAD 系统以来,经过几年的发展,PICAD 的用户已经遍及各行各业。

2. 高华CAD

北京高华计算机有限公司是由清华大学和广东科龙（容声）集团联合创建的高技术企业，其总部位于清华大学。高华CAD系列产品包括计算机辅助绘图支撑系统（GHDrafting）、机械设计及绘图系统（GHMDS）、工艺设计系统（GHCAPP）、三维几何造型系统（GHGEMS）、产品数据管理系统（GHPDMS）及自动数控编程系统（GHCAM）。高华CAD也是基于参数化设计的CAD/CAE/CAM集成系统，它具有全程导航、图形绘制、明细表的处理、全约束参数化设计、参数化图素拼装、尺寸标注、标准件库和图像编辑等功能模块。

3. 清华XTMCAD

清华XTMCAD是清华大学机械CAD中心和北京清华埃克斯特CIMS技术公司共同开发的基于Windows95和AutoCADR12及R13二次开发的CAD软件。它具有动态导航、参数化设计及图库建立与管理功能，还具有常用零件优化设计、工艺模块及工程图样管理等模块。作为Autodesk注册认可的软件增值开发商，可直接得到Autodesk公司的技术支持，其优势体现在对CIMS工程支持数据的交换与共享上。

4. 开目CAD

开目CAD是华中理工大学机械学院开发的具有自主版权的基于微机平台的CAD和图样管理软件，它面向工程实际，模拟人的设计绘图思路，操作简单，机械绘图效率比AutoCAD高得多。开目CAD支持多种几何约束种类及多视图同时驱动，具有局部参数化的功能，能够处理设计中的过约束和欠约束的情况。开目CAD实现了CAD、CAPP和CAM的集成，适合我国设计人员的习惯。

5. CAXA

CAXA由北京数码大方科技有限公司开发，通过与IRONCAD合并，获得了三维CAD产品，目前的CAXA软件包括9大系列30多种CAD、CAPP、CAM、DNC、PDM、MPM以及PLM软件产品和解决方案，覆盖了制造业信息化设计、工艺、制造和管理四大领域。产品包括实体设计、电子图板、线切割工艺图表（CAPP）、制造工程师（CAM）和线切割（WEDM）等。

第三章 二维设计基础

AutoCAD 是主要的 CAD 软件之一，具有强大的二维绘图功能和易于掌握、使用方便、系统开放及适应广泛等优点，在机械、建筑和电器等工程设计领域都有应用。AutoCAD 软件于 1982 年推出，随着客户需求的增加，该软件版本不断升级改进，本章将以 AutoCAD 为例进行二维设计基础的讲解。

 学习目标：

➢ 掌握 AutoCAD 软件的绘图环境。
➢ 掌握基本绘图方法。
➢ 掌握图形编辑方法。
➢ 掌握精确绘图方法。

第一节 二维草图绘制基础

利用 AutoCAD 进行机械制图，首先要了解 AutoCAD 软件的基本特点和操作的基本知识。通过本节的学习，将了解 AutoCAD 的工作界面、绘图的专业术语和绘图环境的设置等基本操作知识。

一、草绘工作界面

启动计算机中 AutoCAD 软件的方法有以下两种：
① 双击桌面上的 AutoCAD 快捷方式图标。
② 在"开始"菜单中找到"Autodesk"文件夹，并在其中找到并运行 AutoCAD 程序。

启动 AutoCAD 后，用户界面如图 3-1 所示，主要包括标题栏、菜单栏、工具栏、绘图窗口、命令窗口和状态栏等部分。

1. 标题栏

标题栏位于用户界面的最上方，标题栏显示正在运行的程序名称与当前正在进行编辑的文件名，最右侧是"最小化""最大化（还原）"和"关闭程序"按钮。

2. 菜单栏

AutoCAD 的菜单栏包括"文件""编辑""视图""插入""格式""工具""绘图""标

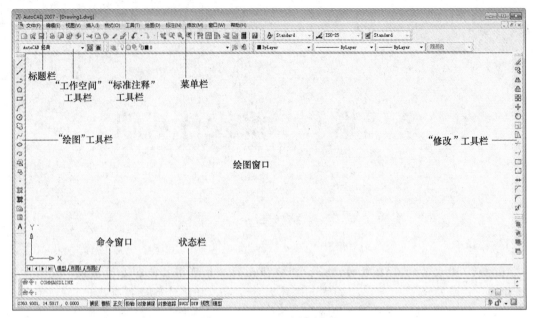

图 3-1 AutoCAD 用户界面

注""修改""窗口"和"帮助"共 11 个菜单项,几乎包含了 AutoCAD 的所有功能和命令。当执行菜单项时,可以用鼠标单击该菜单项,若某个菜单项是暗灰色的,则表明在当前状态下这些功能不可使用,或使用快捷键<Alt+>菜单项中带下划线的字母(如<Alt+F>),即可打开对应的下拉菜单。

3. 工具栏

工具栏是更快捷、更简便的命令执行方式,绘图命令大多都可以通过工具栏完成,工具栏上每一个按钮对应一个命令,使用时用鼠标单击按钮就能激活对应的命令,使用工具栏让绘图更便捷,效率更高,如图 3-2 所示。

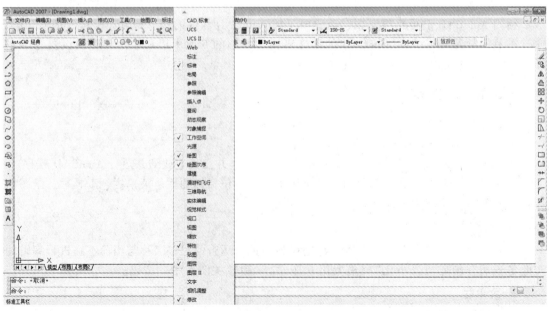

图 3-2 工具栏

绘图时，用户可以根据自身需要打开或关闭任意工具栏，将鼠标放在工具栏的某一位置单击鼠标右键，即可弹出工具栏的选项框，在选项框中勾选，所需的命令将在屏幕工具栏中显示。

工具栏有两种状态：一种是固定状态，此时工具栏将固定在屏幕绘图区的左侧、右侧或上方；另一种是浮动状态，此时可将工具栏移至任意位置。拖动浮动工具栏时按住<Ctrl>键可以防止其被固定，双击浮动工具栏的标题栏处，可将浮动工具栏变为固定工具栏。

另外，还可以调整浮动工具栏的形状。将光标移至工具栏的边缘上，当光标变成双向箭头时，按住鼠标左键即可调整工具栏形状。

4. 绘图窗口

AutoCAD 工作界面中最大的空白区域就是绘图区，绘图区（也叫作绘图窗口）是用户显示、绘制和修改图形的工作区域。绘图区实际上是无限大的，用户所进行的操作过程，以及绘制完成后的图形都会直接反映在绘图区，用户可以通过缩放和平移等命令来观察绘图区的图形。用户可以根据需要关闭其周围的某些工具栏，或者调整工具栏的位置，以增大绘图空间。

绘图窗口内有一个十字光标随鼠标的移动而移动，如图 3-3 所示，它的功能是选择操作对象。在绘图窗口的左下角显示了当前使用的坐标系统，如坐标原点 O、X、Y、Z 轴正向等。默认情况下，默认坐标系为世界坐标系（WCS）。

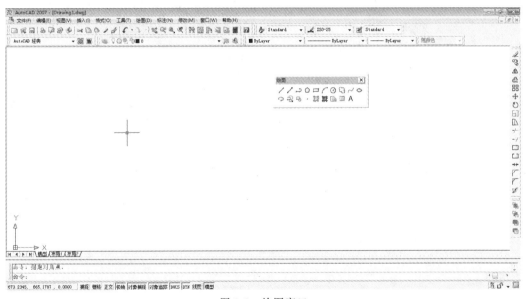

图 3-3 绘图窗口

5. 命令窗口

命令窗口是供用户通过键盘输入命令及参数的地方，如图 3-4 所示，如画直线时，输入"Line"（按 Enter 键或按 Space 键后）。它位于图形窗口的下方，可以通过鼠标拖动上边界线来放大或缩小它。它以窗口的形式安放在绘图区的下方，如若需要，可以用鼠标将其拖动到绘图区中，这时它将变成一个独立的窗口。

图 3-4 命令窗口

6. 状态栏

状态栏位于用户界面的最下方，如图 3-5 所示。状态栏用来显示 AutoCAD 当前的状态，如当前光标的坐标、命令和按钮的说明等。

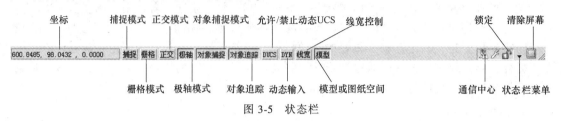

图 3-5　状态栏

二、草绘环境的设置

1. 系统参数的设置

在绘图前进行参数设置是一项很重要的工作，设置一个合理且适合自己需要的参数，才能在保证规范性和准确性的前提下提高绘图速度和质量。

对于绘图环境的设置，最直接的办法就是使用"选项"对话框。打开该对话框的方法是：选择"工具"→"选项"，弹出图 3-6 所示的对话框，该对话框包含 10 个选项卡，可以在其中查看、调整 AutoCAD 的设置。

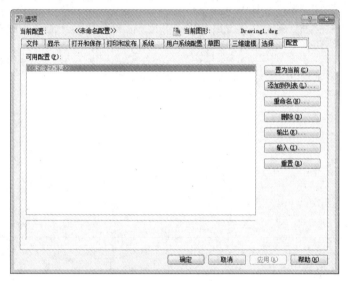

图 3-6　绘图环境的设置

1)"文件"选项卡用于确定 AutoCAD 搜索支持文件、驱动程序文件、菜单文件和其他文件的路径以及用户定义的一些设置。

2)"显示"选项卡用于设置窗口元素、布局元素、显示精度、显示性能、十字光标大小和参照编辑的褪色度等显示属性。其中，最常执行的操作为概念绘图区窗口颜色，可以单击"颜色"按钮，页面弹出"图形窗口颜色"对话框，在该对话框中可以设置各类背景颜色，如图 3-7 所示。

3)"打开和保存"选项卡用于设置是否自动保存文件、自动保存文件的时间间隔、是否保持日志以及是否加载外部参照等参数。

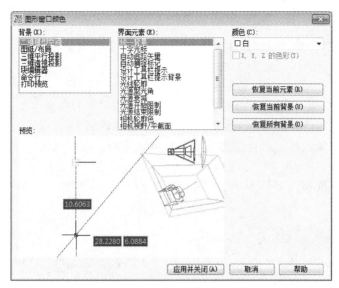

图 3-7 "图形窗口颜色"对话框

4)"打印和发布"选项卡用于设置 CAD 的输出设备。

5)"系统"选项卡用于设置当前三维图形的显示特性、设置定点设备、是否显示 OLE (Object Linking and Embedding，对象连接与嵌入)特性对话框、是否显示所有警告信息、是否检查网络连接、是否显示启动对话框、是否允许长符号名等。

6)"用户系统配置"选项卡用于设置是否打开快捷菜单、对象的排序方式以及坐标数据输入的优先级等参数。为了提高绘图的速度，避免重复使用相同命令，通常单击"自定义右键单击"按钮，在打开的"自定义右键单击"对话框中进行设置，如图 3-8 所示。

7)"草图"选项卡用于设置自动捕捉、自动追踪、对象捕捉标记框颜色和大小以及靶框的大小等参数。这些参数的具体设置要配合状态栏功能操作的情况。

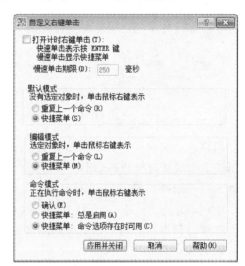

图 3-8 "自定义右键单击"对话框

8)"三维建模"选项卡用于对三维绘图模式下的三维十字光标、UCS 光标、动态输入光标、三维对象和三维导航等参数进行设置。

9)"选择"选项卡用于设置选择集模式、拾取框大小及夹点大小等。

10)"配置"选项卡用于实现新建系统配置文件、重命名系统配置文件以及删除系统配置文件等操作。

2. 绘图单位的设置

在 AutoCAD 中绘图时，可以根据不同的工作类型使用不同的度量单位。在开始绘图前，必须为绘制的图形确定所使用的基本绘图单位，即确定图形要使用的测量单位，并设置坐标和距离要使用的格式和精度等。

设置图形单位主要有以下两种方法：

① 菜单栏中"格式"→"单位"。
② 命令行中输入"UNITS/UN"。

进行以上操作后，界面弹出图3-9所示的"图形单位"对话框。

1)"长度"用于选择长度单位的类型和精确度。
2)"角度"用于选择角度单位的类型和精确度。
3)"插入比例"可以设置插入到当前图形中的块和图形的测量单位，常用毫米为单位。
4)"输出样例"显示了当前长度单位和角度单位的样例。
5)"顺时针"复选框，可以设置角度增加的正方向。在默认情况下，逆时针方向为角度增加的正方向。

单击"方向"按钮，可以打开图3-10所示的"方向控制"对话框，设置基准角度（0°）的方向。

图3-9 "图形单位"对话框

图3-10 "方向控制"对话框

3. 图形界限的设置

用户在绘图时可将AutoCAD的绘图区看作一幅无穷大的图纸。也就是说，用户可在AutoCAD中绘制任何尺寸的图形。实际上，任何对象都不可能真正是无穷大的，为了规划绘图区域，可以选择"格式"→"图形界限"或执行"Limits"命令设置绘图界限，命令行将显示

"[开(ON)/关(OFF)] <0.0000,0.0000>："

此时，在提示下输入左下角的坐标，如果直接按Enter键，则默认左下角位置的坐标为（0,0），命令行将再次提示

"指定右上角点<420.0000,297.0000>：@297,210"

此时单击状态栏的"栅格"，开启栅格状态，只有开启了该状态才能直观地查看到图形界限的设置效果，用户确定的区域是栅格指示的区域。

图形界限设置好之后，单击工具栏上的"全部缩放"按钮或输入"Zoom"命令，选择"全部（A）"即可全部显示在屏幕上。

第二节 二维图形的绘制方法

二维图形对象的绘制是AutoCAD绘图基础，AutoCAD的二维图形对象主要包括直线、矩形、圆、圆弧、样条曲线、圆角、点和坐标系等。

在AutoCAD绘图过程中，执行命令的方式有在绘图菜单栏中选择命令、单击工具栏中

命令按钮,(见图 3-11 和图 3-12)以及直接通过命令窗口输入相应命令等三种方式。

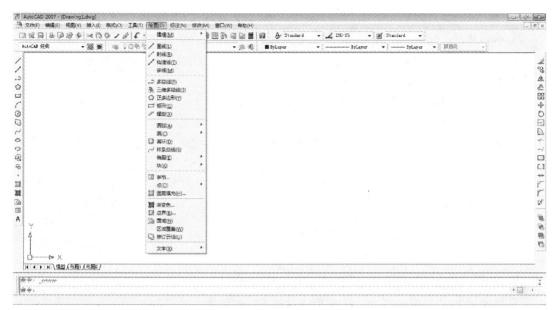

图 3-11 "绘图"菜单

图 3-12 "绘图"工具栏

一、绘制直线

直线是各种图形中最常用、最简单的一类图形对象,只要定义了起点和终点,即可绘制一条直线。

在 AutoCAD 中,启动直线命令的方法有如下三种:

① 菜单栏:选择"绘图"→"直线"命令。

② 工具栏:单击"直线"命令按钮 ✎。

③ 命令行:输入"Line"命令,然后按<Enter>键。

在直线绘制过程中,备选项"闭合(C)"表示直线组最后形成首尾封闭的形状,"放弃(U)"表示撤销绘制上一段直线的操作。

图 3-13 所示为使用"直线"命令绘制的图形。

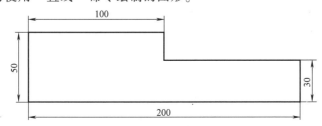

图 3-13 使用"直线"命令绘制的图形

二、绘制矩形和正多边形

1. 绘制矩形

在 AutoCAD 中，绘制矩形，可以为其设置倒角、圆角，以及宽度和厚度等参数。

启动直线命令的方法有如下三种：

① 菜单栏：选择"绘图"→"矩形"命令。

② 工具栏：单击"矩形"命令按钮 ▭。

③ 命令行：输入"Rectang/Rec"命令，然后按<Enter>键。

执行该命令后，命令行提示如下：

"指定一个角点或[倒角(C)/标高(E)/圆角(F)/厚度(T)/宽度(W)]："

其中各选项的含义如下：

① 倒角（C）：绘制一个带倒角的矩形。

② 标高（E）：矩形的高度。在默认情况下，矩形在 OXY 平面内。该选项一般用于三维绘图。

③ 圆角（F）。绘制带圆角的矩形。

④ 厚度（T）：矩形的厚度，该选项一般用于三维绘图。

⑤ 宽度（W）：定义矩形的宽度。

图 3-14 所示为各种样式的矩形效果。

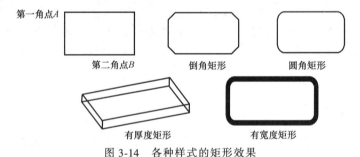

图 3-14 各种样式的矩形效果

2. 绘制正多边形

使用多边形命令，可以绘制 3~1024 条边的正多边形。AutoCAD 通过正多边形与假想的圆内接或外切的方法来绘制，在绘制过程中一般想象有一个圆存在，也可通过指定正多边形某一边的端点进行绘制。图 3-15 所示为正多边形的绘制示例。

启动正多边形命令有如下三种方法：

① 菜单栏：选择"绘图"→"正多边形"命令。

② 工具栏：单击"正多边形"命令按钮 ⬠。

③ 命令行：输入"Polygon"命令，然后按<Enter>键。

命令执行后，系统提示：

命令：_ Polygon

输入边的数目<4>：（输入正多边形边的数目，然后按<Enter>键）

指定正多边形的中心点或［边（E）］：（指定中心点，或者输入 E，该选项是通过确定边长来绘制正多边形，确定一条边的两个端点）

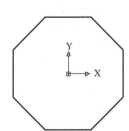

图 3-15 正多边形的绘制示例

三、绘制圆和圆弧

1. 绘制圆

圆是最基本的几何元素之一,在各个领域的绘图操作中应用都非常广泛。

启动绘制圆命令有以下几种方法:

① 菜单栏:选择"绘图"→"圆"命令。

② 工具栏:单击"绘图"工具栏"圆"按钮 。

③ 命令行:Circle。

在 AutoCAD 中提供了六种绘制圆的方法,如图 3-16 所示,各方法含义如下:

① 圆心、半径画圆:用圆心和半径方式绘制圆。

② 圆心、直径画圆:用圆心和直径方式绘制圆。

③ 三点画圆(3P):通过三点绘制圆,系统会提示指定第一点、第二点和第三点。

④ 两点画圆(2P):通过两个点绘制圆,系统会提示指定圆直径的第一端点和第二端点。

⑤ 相切、相切、半径画圆(T):通过两个其他对象的切点和输入半径值来绘制圆。系统会提示指定圆的第一切线和第二切线上的点及圆的半径。

⑥ 相切、相切、相切画圆:通过三条切线绘制圆。

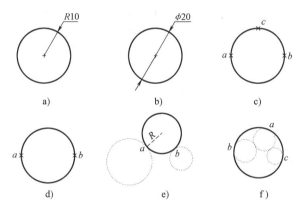

图 3-16 圆形的绘制

a)圆心、半径画圆 b)圆心、直径画圆 c)三点画圆 d)两点画圆
e)相切、相切、半径画圆 f)相切、相切、相切画圆

2. 绘制圆弧

在机械制图中绘制图样时,经常需要用圆弧来光滑连接已知直线和圆弧。

在菜单栏中选择"绘图"→"圆弧"命令,其中提供了 10 种绘制圆弧的子命令,如图 3-17 所示,各子命令的含义如下:

① 三点:通过指定圆弧上的三点绘制圆弧,需要指定圆弧的起点、通过的第二个点和端点。

② 起点、圆心、端点:通过指定圆弧的起点、圆心和端点绘制圆弧。

③ 起点、圆心、角度:通过指定圆弧的起点、圆心和包含角绘制圆弧。执行此命令时会出现"指定包含角:"的提示,在输入角度时,如果当前环境设置逆时针方向为角度正方向,且输入正的角度值,则绘制的圆弧是从起点绕圆心沿逆时针方向绘制,反之则沿顺时针方向绘制。

④ 起点、圆心、长度：通过指定圆弧的起点、圆心和弦长绘制圆弧。另外，在命令行的"指定弦长："提示信息下，如果所输入的值为负，则该值的绝对值将作为对应整圆的空缺部分圆弧的弦长。

⑤ 起点、端点、角度：通过指定圆弧的起点、端点和包含角绘制圆弧。

⑥ 起点、端点、方向：通过指定圆弧的起点、端点和圆弧的起点切向绘制圆弧。命令执行过程中会出现"指定圆弧的起点切向："提示信息，此时拖动鼠标动态地确定圆弧在起始点处的切线方向与水平方向的夹角。当拖动鼠标时，AutoCAD 会在当前光标与圆弧起始点之间形成一条线，即为圆弧在起始点处的切线。确定切线方向后，按住拾取键即可得到相应的圆弧。

⑦ 起点、端点、半径：通过指定圆弧的起点、端点和圆弧半径绘制圆弧。
⑧ 圆心、起点、端点：以圆弧的圆心、起点和端点方式绘制圆弧。
⑨ 圆心、起点、角度：以圆弧的圆心、起点和圆心角方式绘制圆弧。
⑩ 圆心、起点、长度：以圆弧的圆心、起点和弦长方式绘制圆弧。

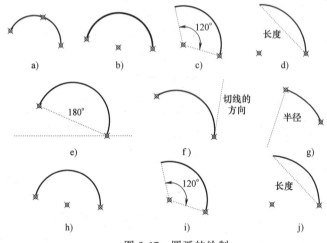

图 3-17 圆弧的绘制
a) 三点 b) 起点、圆心、端点 c) 起点、圆心、角度 d) 起点、圆心、长度
e) 起点、端点、角度 f) 起点、端点、方向 g) 起点、端点、半径
h) 圆心、起点、端点 i) 圆心，起点，角度 j) 圆心、起点、长度

四、绘制样条曲线

在工程中，有些曲线不能用标准的数学方程来表达，而只能通过拟合一系列已经测量得到的数据来绘制，这些曲线称为样条曲线。

在 AutoCAD 中，样条曲线是一种经过一系列给定点的光滑曲线，可以通过指定点来创建样条曲线，也可以封闭样条曲线，使起点和端点重合。样条曲线适用于形状不规则的曲线条，在汽车曲线、地形测量图等的绘制中较为常用。

启动样条曲线命令有下列三种方式：

① 菜单栏：选择"绘图"→"样条曲线"命令。

② 工具栏：单击"样条曲线"命令按钮 ～。

③ 命令行：输入"Spline"命令，然后按<Enter>键。

命令执行后，系统提示：

命令：_ Spline
指定第一个点或［对象（O）］:（指定样条曲线的端点）
指定下一点:（指定样条曲线通过的一系列点）
指定下一点或［闭合（C）/拟合公差（F）］<起点切向>:（指定样条曲线通过的端点，然后单击鼠标右键确定）
指定起点切向:（光标回到起点附近确定一点，此点和起点的连线确定了起点的切向）
指定端点切向:（光标回到端点附近确定一点，此点和端点的连线确定了端点的切向）
样条曲线的绘制如图 3-18 所示。
说明：

对象（O）——可将一条二维或三维的样条拟合多段线转化成样条曲线。

闭合（C）——将生成一条封闭的样条曲线。该曲线起点与终点相同，并有共同的切线方向，在绘图时，只需给出一个切线方向。

拟合公差（F）——可定义靠近拟合数据点的程度，如选用系统默认值 0，表示样条曲线将通过所给出的拟合数据点。而用户自行指定拟合公差后，样条曲线则不一定会通过所有的拟合数据点，但一定通过起点与终点。这种方法比较适合拟合点量比较大的情况。

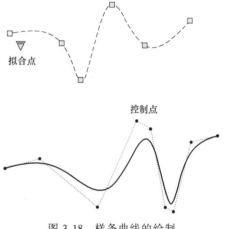

图 3-18 样条曲线的绘制

五、绘制点

点是组成图形的基本对象之一，常用作标记，在图中起辅助定位的作用。在 AutoCAD 中，点对象可用作捕捉和偏移对象的节点或参考点。可以通过"单点""多点""定数等分"和"定距等分"四种方法创建点对象。

1. 设置点样式

在绘图过程中为了避免点被图形的其他线条遮盖，在绘制点之前应设置点的样式，使点的形式和大小处于明显的位置。"点样式"对话框如图 3-19 所示。

其操作步骤如下：

1）在菜单栏中选择"格式"→"点样式"命令，或在命令行中输入"Ddptype"，然后按<Enter>键。

2）执行命令后，显示"点样式"对话框，如图 3-19 所示。

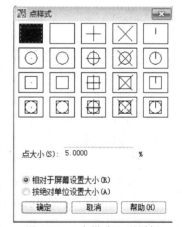

图 3-19 "点样式"对话框

AutoCAD 中提供了 20 种点的样式图标，用户可通过该对话框选择自己需要的点样式。此外，还可以利用对话框中的"点大小"文本框确定点的大小，然后单击"确定"按钮，完成点样式的设置。

2. 绘制单点或多点的步骤

在 AutoCAD 中，启动点命令的方法有如下三种：

① 菜单栏：选择"绘图"→"点"→"单点"或"多点"命令。

② 工具栏：单击"点命令"按钮。

③ 命令行：输入"Point"命令，然后按<Enter>键。

当绘制单点时，指定点的位置即可；当绘制多点时，需连续指定点的位置；最后按<Enter>键，结束绘制。

3. 定数等分

绘制定数等分点就是将指定的对象以一定的数量进行等分，如图 3-20 所示。

要绘制定数等分点，可单击菜单栏中的"绘图"→"点"→"定数等分"命令，或输入"DIVIDE/DIV"，根据命令行提示进行操作。

在使用该命令时应注意以下两点：

1）因为输入的是等分数，而不是放置点的个数，所以如果将所选对象分成 N 份，则实际上只生成 $N-1$ 个点。

2）每次只能对一个对象操作，而不能对一组对象操作。

图 3-20 定数等分点的绘制

4. 定距等分

在 AutoCAD 中，选择"绘图"→"点"→"定距等分"命令（MEASURE），可以在指定的对象上按指定的长度绘制点或者插入块，如图 3-21 所示。使用该命令时应注意以下两点：

1）放置点的起始位置从离对象选取点较近的端点开始。

2）如果对象总长不能被所选长度整除，则最后放置点到对象端点的距离将不等于所选长度。

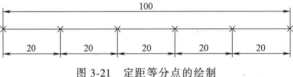
图 3-21 定距等分点的绘制

第三节　文本的绘制

工程图样是生产加工的依据和技术交流的工具，一张完整的工程图样除了用图形完整、准确和清晰地表达物体的结构形状外，还必须用尺寸表示物体的大小，另外还应有相应的文字信息，如注释说明、技术要求、标题栏和明细栏等。

本节将详细讲解 AutoCAD 强大的文字注写和文本编辑功能。

一、文字样式

1. 关于 AutoCAD 的文字

AutoCAD 图形中文字的字体、方向和角度等都受文字样式的控制。用户在向图形中添加文字时，系统使用当前默认的文字样式。如果用户要使用其他文字样式，则必须将其文字样式置于当前。AutoCAD 的默认文字样式名称为 Standard，默认字体为 txt.shx。

2. 设置文字样式

文字样式定义了文字的外观，是对文字特性的一种描述，包括字体、高度、宽度比例、倾斜角度以及排列方式等。工程图中所标注的文字往往需要采用不同的文字样式，因此，在标注文字之前首先应设置所需的文字样式。

创建文字样式首先要打开"文字样式"对话框。该对话框不仅显示了当前图形文件中已经创建的所有文字样式，而且还显示当前文字样式及其有关设置和外观预览。在该对话框中不但可以新建并设置文字样式，还可以修改或删除已有的文字样式。

打开"文字样式"对话框的方式如下：

① 菜单栏：选择"格式"→"文字样式"命令。

② 工具栏：单击"样式"工具栏中的"文字样式"按钮 。

③ 命令行：输入"Style/ST"命令。

无论使用哪种方式都可以打开图3-22所示的"文字样式"对话框。

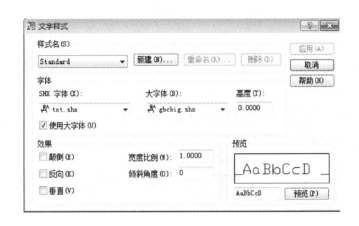

图3-22 "文字样式"对话框

"文字样式"对话框常用选项含义如下：

① "样式名"下拉列表：列出了当前可以使用的文字样式，默认文字样式为"Standard"。

② "字体"选项区："字体"下拉列表中列出了供用户选用的SHX字体，选择SHX字体时，"使用大字体"复选框被激活。选中该复选框，可以选用大字体文件，此时"大字体"下拉列表框也被激活，用户可以从"大字体"下拉列表中选择需要的字体。

③ "新建"按钮：单击该按钮，系统弹出"新建文字样式"对话框，在样式名文本框中输入新建样式的名称，单击"确定"按钮，新建文字样式将显示在"样式"列表中。

④ "删除"按钮：单击该按钮，可以删除所选的文字样式，但无法删除已经被使用了的文字样式和默认的Standard样式。

⑤ "效果"选项区：可修改字体的特性，如宽度比例、倾斜角度以及是否颠倒显示、反向显示或垂直显示等。

二、创建单行文字

可以使用单行文字创建一行或多行文字，其中，每行文字都是独立的对象，可对其进行重定位、调整格式或进行其他修改。

启动单行文字命令的方式如下：

① 菜单栏：选择"绘图"→"文字"→"单行文字"命令。

② 命令行：输入"Dtext/Dt/Text"命令。

三、创建多行文字

多行文字命令 Mtext 用于输入含有多种格式的大段文字。与单行文字不同的是，多行文字整体是一个文字对象，不能单独编辑。在机械制图中，常使用多行文字功能创建较为复杂的文字说明。

① 菜单栏：选择"绘图"→"文字"→"多行文字"命令。

② 工具栏：单击工具栏中的"多行文字"按扭 A。

③ 命令行：输入"Mtext/Mt"命令。

第四节 几 何 约 束

几何约束用来定义图形元素和确定图形元素之间的关系。几何约束类型包括重合、共线、平行、垂直、同心、固定、平滑、相切、相等、对称、水平和竖直等。

1. 重合

"重合"约束用于强制使两个点或一个点和一条直线重合。

执行重合约束命令有以下三种方法：

① 菜单栏：选择"参数"→"几何约束"→"重合"命令。

② 工具栏：单击"几何约束"工具栏中的"重合"按钮。

③ 命令行：输入"GcCoincident"命令。

执行该命令后，选择不同的两个对象上的第一个点和第二个点，将第二个点置为与第一个点重合。

2. 共线

"共线"约束用于约束两条直线，使其位于同一无限长的线上。

执行共线约束命令有以下三种方法：

① 菜单栏：选择"参数"→"几何约束"→"共线"命令。

② 工具栏：单击"几何约束"工具栏中的"共线"按钮。

③ 命令行：输入"GcCollinear"命令。

执行该命令后，选择第一个对象和第二个对象，将第二个对象与第一个对象共线。

3. 同心

"同心"约束用于约束选定的圆、圆弧或者椭圆，使其具有相同的圆心点。

执行同心约束命令有以下三种方法：

① 菜单栏：选择"参数"→"几何约束"→"同心"命令。

② 工具栏：单击"几何约束"工具栏中的"同心"按钮。

③ 命令行：输入"GcConcentric"命令。

执行该命令后，选择第一个和第二个圆弧或者圆对象，第二个圆弧或者圆对象将会进行移动，与第一个对象具有同一个圆心。

4. 固定

"固定"约束用于约束一个点或一条曲线，使其固定在相对于 WCS 的特定位置和方向上。

执行固定约束命令有以下三种方法：

① 菜单栏：选择"参数"→"几何约束"→"固定"命令。

② 工具栏：单击"几何约束"工具栏中的"固定"按钮。

③ 命令行：输入"GcFix"命令。

执行该命令后，选择对象上的点，对对象上的点应用固定约束会将节点锁定，但仍然可以移动该对象。

5. 平行

"平行"约束用于约束两条直线，使其保持相互平行。

执行平行约束命令有以下三种方法：

① 菜单栏：选择"参数"→"几何约束"→"平行"命令。

② 工具栏：单击"几何约束"工具栏中的"平行"按钮。

③ 命令行：输入"GcParallel"命令。

执行该命令后，选择要置为平行的两个对象，第二个对象将被设为与第一个对象平行。

6. 垂直

"垂直"约束用于约束两条直线，使其夹角始终保持90°。

执行垂直约束命令有以下三种方法：

① 菜单栏：选择"参数"→"几何约束"→"垂直"命令。

② 工具栏：单击"几何约束"工具栏中的"垂直"按钮。

③ 命令行：输入"GcPerpendicular"命令。

执行该命令后，选择要置为垂直的两个对象，第二个对象将被设为与第一个对象垂直。

7. 水平

"水平"约束用于约束一条直线或线段，使其与当前UCS的X轴保持平行。

执行水平约束命令有以下三种方法：

① 菜单栏：选择"参数"→"几何约束"→"水平"命令。

② 工具栏：单击"几何约束"工具栏中的"水平"按钮。

③ 命令行：输入"GcHorizontal"命令。

执行该命令后，选择要置为水平的直线，直线将会水平放置。

8. 竖直

"竖直"约束用于约束一条直线或线段，使其与当前UCS的Y轴保持平行。

执行竖直约束命令有以下三种方法：

① 菜单栏：选择"参数"→"几何约束"→"竖直"命令。

② 工具栏：单击"几何约束"工具栏中的"竖直"按钮。

③ 命令行：输入"GcVertical"命令。

执行该命令后，选择要置为竖直的直线，直线将会竖直放置。

9. 相切

"相切"约束用于约束两条曲线，使其彼此相切或其延长线彼此相切。

执行相切约束命令有以下三种方法：

① 菜单栏：选择"参数"→"几何约束"→"相切"命令。

② 工具栏：单击"几何约束"工具栏中的"相切"按钮。

③ 命令行：输入"GcTangent"命令。

执行该命令后，选择要相切的两个对象，第二个对象与第一个对象保持相切于一点。

10. 平滑

"平滑"约束用于约束一条样条曲线，使其与其他样条曲线、直线、圆弧或多段线彼此相连并保持平滑连续。

执行平滑约束命令有以下三种方法：

① 菜单栏：选择"参数"→"几何约束"→"平滑"命令。
② 工具栏：单击"几何约束"工具栏中的"平滑"按钮。
③ 命令行：输入"GcSmooth"命令。

执行该命令后，选择第一条样条曲线，然后选择第二条样条曲线、直线、圆弧或多段线对象，两个对象将更新为相互连续。

11. 对称

"对称"约束用于约束两条曲线或者两个点，使其以选定直线为对称轴彼此对称。

执行对称约束命令有以下三种方法：

① 菜单栏：选择"参数"→"几何约束"→"对称"命令。
② 工具栏：单击"几何约束"工具栏中的"对称"按钮。
③ 命令行：输入"GcSymmetric"命令。

执行该命令后，选择第一个对象和第二个对象，然后选择对称直线，选定对象将关于选定直线对称约束。

12. 相等

"相等"约束用于约束两条直线或多段线，使其具有相同的长度，或约束圆弧和圆，使其具有相同的半径值。

执行相等约束命令有以下三种方法：

① 菜单栏：选择"参数"→"几何约束"→"相等"命令。
② 工具栏：单击"几何约束"工具栏中的"相等"按钮。
③ 命令行：输入"GcEqual"命令。

执行该命令后，选择第一个对象和第二个对象，第二个对象将置为与第一个对象相等。

第五节　草图编辑功能

一、编辑功能

1. "修改"菜单

"修改"菜单用于编辑图形，创建复杂的图形对象，如图3-23所示。"修改"菜单中包含了AutoCAD的大部分编辑命令，通过选择该菜单中的命令或子命令，可以完成对图形的所有编辑操作。

2. "修改"工具栏

"修改"工具栏的每个工具按钮都与"修改"菜单中相应的绘图命令相对应，单击即可执行相应的修改操作，如图3-24所示。

二、常用编辑命令

在AutoCAD中，可以用"删除"命令，删除选中的对象，还可以使用"复制""阵列"

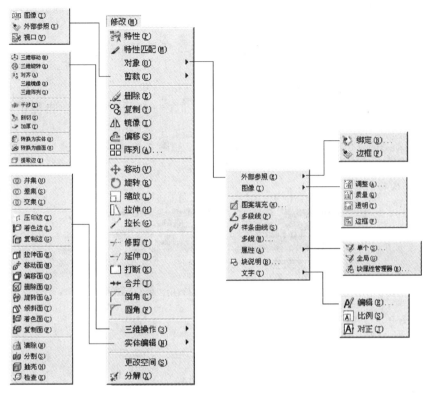

图 3-23 "修改" 菜单

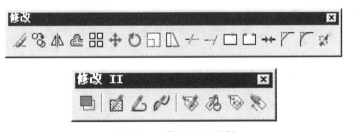

图 3-24 "修改" 工具栏

"偏移"和"镜像"命令，复制对象，创建与源对象相同或相似的图形。

1. 删除对象

选择"修改"→"删除"（ERASE）命令，或在"修改"工具栏中单击"删除"按钮。通常，当发出"删除"命令后，需要选择要删除的对象，然后按<Enter>键或<Space>键结束对象选择，同时删除已选择的对象。

如果在"选项"对话框的"选择"选项卡中，选中"选择模式"选项区域中的"先选择后执行"复选框，就可以先选择对象，然后单击"删除"按钮将该对象删除。

2. 复制对象

对图形对象进行复制的方法有拖动复制、剪切复制、偏移复制、镜像复制以及阵列复制等。

(1) 图形中复制对象　选择"修改"→"复制"（COPY）命令，或单击"修改"工具栏中的"复制"按钮，可以对已有的对象复制出副本，并放置到指定的位置。当执行该命令时,首先需要选择对象,然后指定位移的基点和位移矢量(相对于基点的方向和大小)。

操作过程如下:

① 从菜单栏选择"修改"→"复制",如图 3-25 所示,在命令行出现"选择对象"的提示。

② 拖动鼠标,使用矩形框选择整个图形,按<Enter>键。

③ 在命令行提示"指定基点或位移,或者[重复(M)]:"下,单击图中的圆心指定基点。

④ 此时,在图形区就可以拖动需复制的图形,如图 3-26 所示。

⑤ 在"指定位移的第二点或<用第一点作位移>:"提示下,在绘图区单击鼠标左键,按<Enter>键完成操作。

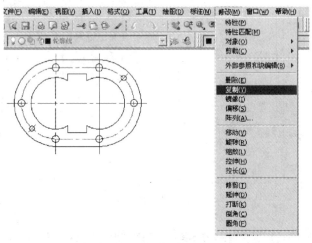

图 3-25 复制命令

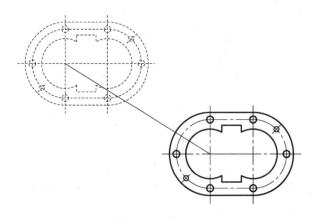

图 3-26 拖动复制

(2) 利用剪切板复制对象

① 从菜单栏选择"编辑"→"带基点复制",在命令行出现"_ copybase 指定基点:"的提示,选择基点。

② 根据提示"选择对象:",选择整个图形,按<Enter>键。

③ 选择"编辑"→"粘贴",在"_ pasteclip 指定插入点:"提示下,选择插入点,如图 3-27 所示。

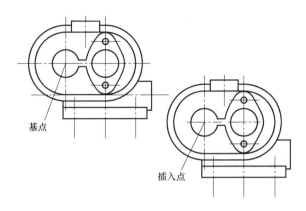

图 3-27 使用剪切板进行复制和粘贴

(3) 镜像对象实现复制 选择"修改"→"镜像"（MIRROR）命令，或在"修改"工具栏中单击"镜像"按钮，可以将对象以镜像线对称复制。

当执行该命令时，需要选择要镜像的对象，然后依次指定镜像线上的两个端点，命令行将显示：

"删除源对象吗？[是(Y)/否(N)] <N:"

如果直接按<Enter>键，则镜像复制对象，并保留原来的对象；如果输入"Y"，则在镜像复制对象的同时删除源对象。

在 AutoCAD 中，使用系统变量 MIRRTEXT 可以控制文字对象的镜像方向。如果 MIRRTEXT 的值为 1，则文字对象完全镜像，镜像出来的文字变得不可读；如果 MIRRTEXT 的值为 0，则文字对象方向不镜像。

操作过程如下：

① 在绘图区绘制一个六边形和一条直线。

② 从菜单栏选择"修改"→"镜像"，根据提示"选择对象:"，选择需要镜像的实体，单击六边形，按<Enter>键。

③ 根据提示"指定镜像线的第一点:"，确定对称线的起点位置。

④ 再根据提示"指定镜像线的第二点:"，确定对称线的终点位置。确定了这两点，对称线也就确定下来了，系统将以该对称线为轴创建镜像，如图 3-28 所示。

⑤ 在命令行出现"是否删除源对象？[是(Y)/否(N)] <N>:"的提示，确定是否删除原来所选择的实体，AutoCAD 的默认选项为"N"。按<Enter>键，完成六边形的镜像。

(4) 偏移对象实现复制 选择"修改"→"偏移"（OFFSET）命令，或在"修改"工具栏中单击"偏移"按钮，可以对指定的直线、圆弧和圆等对象进行同心偏移复制。在实际应用中，常利用"偏移"命令的特性创建平行线或等距离分布图形。当执行"偏移"命令时，其命令行将显示：

"指定偏移距离或 [通过(T)/删除(E)/图层(L)] <通过>:"

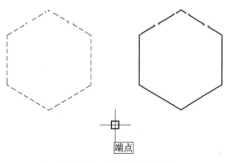

图 3-28 镜像复制对象

在默认情况下，需要指定偏移距离，再选择要偏移复制的对象，然后指定偏移方向，以复制出对象。

操作过程如下：

① 绘制一个长为 5、宽为 2 的矩形。

② 从菜单栏选择"修改"→"偏移"命令。

③ 在"指定偏移距离或［通过(T)］<1.0000>:"后输入"0.5"，按<Enter>键。

④ 在"选择要偏移的对象或 <退出>:"提示下，选择刚绘制的矩形。

⑤ 根据提示"指定点以确定偏移所在一侧:"，在矩形外选择一点，按<Enter>键，完成复制，如图 3-29 所示。

（5）**阵列对象实现复制** 在菜单栏中选择"修改"→"阵列"（ARRAY）命令，或在"修改"工具栏中单击"阵列"按钮，都可以打开"阵列"对话框，可以在该对话框中设置以矩形阵列或者环形阵列方式多重复制对象。

1）矩形阵列复制。矩形阵列的操作如下：

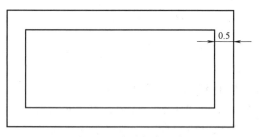

图 3-29 偏移复制对象

① 在绘图区绘制一个正六边形。

② 从菜单栏选择"修改"→"阵列"命令。

③ 在"阵列"对话框里面，选中"矩形阵列"单选按钮，表示进行的是矩形阵列。单击"选择对象"按钮，如图 3-30 所示。

④ "阵列"对话框消失，在命令行出现"选择对象:"提示，选择想要产生矩形阵列的目标：正六边形，此时，光标变为拾取框，正六边形显示为虚线，按<Enter>键。

⑤ 弹出"阵列"对话框，进行行数、列数及行列间距的设置。

⑥ 单击"阵列"对话框中的"确定"按钮，完成操作，如图 3-31 所示。

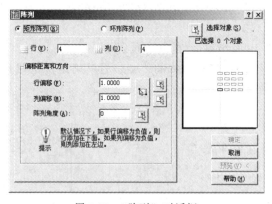

图 3-30 "阵列"对话框

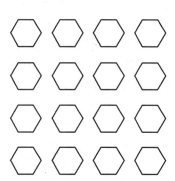

图 3-31 矩形阵列的结果

2）环形阵列复制。环形阵列的操作如下：

① 在绘图区绘制一个正六边形。

② 从菜单栏选择"修改"→"阵列"命令。

③ 在"阵列"对话框里面，选中"环形阵列"单选按钮之后，同样，单击"选择对象"按钮，在图中选择正六边形。在"中心点"文本框内输入环形圆周的中心点坐标，如图 3-32 所示。

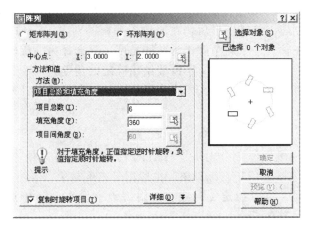

图 3-32 "阵列"对话框

④ 在"方法和值"选项组里面设置环形阵列的排列方式,然后在下面的文本框中设置相应的参数,在右边的示意图上可以预览环形阵列的效果。

⑤ 单击"确定"按钮完成阵列,如图 3-33 所示。

3. 移动对象

平移命令 MOVE 是最常用的移动命令。它的作用是将图形从一个位置平移到另一个位置,平移过程中图形的大小、形状和倾斜角度均不改变。

移动对象的操作如下:

① 在绘图区绘制一个矩形和一个圆。

② 从菜单栏选择"修改"→"移动"命令。在"选择对象:"提示下选择 A 点处的圆。

③ 在"指定基点或位移:"提示下确定移动基点,捕捉到 A 点处圆的圆心。

④ 在"指定位移的第二点<用第一点作位移>:"提示下移动鼠标,原来的圆显示成虚线,鼠标拖动一个圆在移动,如图 3-34 所示,捕捉并选中 B 点,就将 A 点处的圆移动到了 B 点。

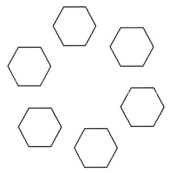

图 3-33 环形阵列的结果

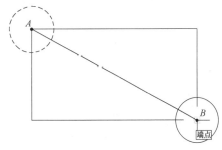

图 3-34 移动对象

4. 旋转对象

图形的旋转是指将图形绕指定的基点和角度进行旋转。

选择"修改"→"旋转"(ROTATE)命令,或在"修改"工具栏中单击"旋转"命令按钮,都可以对指定对象进行旋转,UCS 当前的正角方向:ANGDIR = 逆时针 ANGBASE = 0,选择要旋转的对象,然后按<Enter>键,指定一个特征点作为旋转基点,指定旋转角度,或

[复制(C)/参照(R)]<0.0000>：(输入旋转角度，然后按<Enter>键。如果输入"C"，表示以复制形式旋转，即创建出旋转图形后仍在原位置保留源对象；若输入"R"，表示将图形以参照方式旋转，即先输入一个新角度作为参照角度，再选择另一旋转角度的位置，使对象以参照角度为基准，旋转到指定位置，不需要给出确定的角度)。

提示：旋转角度有正负之分，输入角度为正值，则图形按逆时针方向旋转；负值，则图形按顺时针方向旋转。

5. 对齐对象

选择"修改"→"三维操作"→"对齐"（ALIGN）命令，可以使当前对象与其他对象对齐，如图 3-35 所示，它既适用于二维对象，也适用于三维对象。

在对齐二维对象时，可以指定 1 对或 2 对对齐点（源点和目标点）；在对齐三维对象时，则需要指定 3 对对齐点。

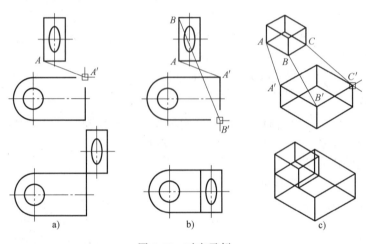

图 3-35 对齐示例
a) 1 对对齐点 b) 2 对对齐点 c) 3 对对齐点

6. 修改对象的形状和大小

在 AutoCAD 中，可以使用"修剪"和"延伸"命令缩短或拉长对象，以与其他对象的边相接，也可以使用"缩放""拉伸"和"拉长"命令，在一个方向上调整对象的大小或按比例增大或缩小对象。

(1) 修剪对象 选择"修改"→"修剪"（TRIM）命令，或在"修改"工具栏中单击"修剪"按钮，可以用某一对象作为剪切边修剪其他对象。执行该命令，并选择了作为剪切边的对象后（可以是多个对象），按<Enter>键将显示如下提示信息：

选择要修剪的对象，或按住<Shift>键选择要延伸的对象，或 [栏选(F)/窗交(C)/投影(P)/边(E)/删除(R)/放弃(U)]：

在 AutoCAD 中，可以作为剪切边的对象有直线、圆弧、圆、椭圆或椭圆弧、多段线、样条曲线、构造线、射线以及文字等。剪切边也可以同时作为被剪边。在默认情况下，选择要修剪的对象（即选择被剪边），系统将以剪切边为界，将被剪切对象上位于拾取点一侧的部分剪切掉。如果按下<Shift>键，同时选择与修剪边不相交的对象，修剪边将变为延伸边界，将选择的对象延伸至与修剪边界相交。

操作过程如下：

① 绘制图 3-36 所示的图形。

② 从菜单栏选择"修改"→"修剪"命令。

③ 在"当前设置：投影=UCS，边=无 选择剪切边...选择对象："提示下，选择垂直的直线作为剪切边界，按<Enter>键。

④ 根据提示"选择要修剪的对象，或按住<Shift>键选择要延伸的对象，或 [投影(P)/边(E)/放弃(U)]："，选择斜线，将其剪掉，按<Enter>键完成修剪，如图3-37所示。

图3-36 绘制图形（一）

图3-37 修剪后的图形

（2）**延伸对象** 选择"修改"→"延伸"（EXTEND）命令，或在"修改"工具栏中单击"延伸"按钮，可以延长指定的对象与另一对象相交或外观相交。

延伸命令的使用方法和修剪命令的使用方法相似，不同之处在于：当使用延伸命令时，如果在按下<Shift>键的同时选择对象，则执行修剪命令；当使用修剪命令时，如果在按下<Shift>键的同时选择对象，则执行延伸命令。

操作过程如下：

① 绘制图3-38所示的图形。

② 从菜单栏选择"修改"→"延伸"命令。

③ 在"当前设置：投影=UCS，边=无 选择边界的边...选择对象："提示下，选择垂直的直线，按<Enter>键。

④ 在"选择要延伸的对象，或按住<Shift>键选择要修剪的对象，或 [投影(P)/边(E)/放弃(U)]:"提示下选择斜线，按<Enter>键，如图3-39所示。

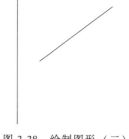

图3-38 绘制图形（二）

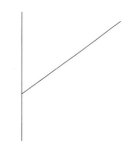

图3-39 延伸后的图形

（3）**缩放对象** 选择"修改"→"缩放"（SCALE）命令，或在"修改"工具栏中单击"缩放"按钮，可以将对象按指定的比例因子相对于基点进行尺寸缩放。先选择对象，然后指定基点，命令行将显示：

"指定比例因子或 [复制(C)/参照(R)]<1.0000>："

如果直接指定缩放的比例因子，对象将根据该比例因子相对于基点缩放，当比例因子大于0而小于1时缩小对象，当比例因子大于1时放大对象；如果选择"参照（R）"选项，对象将按参照的方式缩放，需要依次输入参照长度的值和新的长度值，AutoCAD根据参照长度与新长度的值自动计算比例因子（比例因子=新长度值/参照长度值），然后进行缩放。

操作过程如下:
① 打开图形。
② 在命令行输入"SCALE",按<Enter>键。
③ 在"选择对象:"提示下,选择要进行比例缩放操作的实体目标。
④ 在"指定基点:"提示下,确定缩放基点,AutoCAD将以该点为中心,按比例缩放所选取的实体,如图3-40所示。
⑤ 在"指定比例因子或[参照(R)]:"提示下,输入"1.5",实体目标将被放大,如图3-41所示。

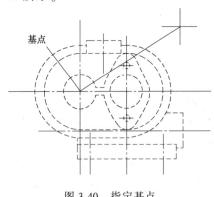

图3-40 指定基点

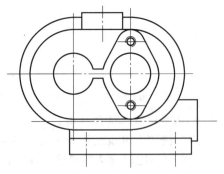

图3-41 比例缩放结果

(4) **拉伸对象** 选择"修改"→"拉伸"(STRETCH)命令,或在"修改"工具栏中单击"拉伸"按钮,就可以移动或拉伸对象,操作方式根据图形对象在选择框中的位置决定。当执行该命令时,可以使用"交叉窗口"方式或者"交叉多边形"方式选择对象,然后依次指定基点和位移矢量,将会移动全部位于选择窗口之内的对象,而拉伸(或压缩)与选择窗口边界相交的对象。

操作过程如下:
① 绘制图3-42所示的图形。
② 从菜单栏选择"修改"→"拉伸"。
③ 在提示"选择对象:"后输入"cp",从左到右指定一系列点,定义一块多边形区域,该区域完全包含要选择的线条。
④ 按<Enter>键闭合多边形并完成选择。
⑤ 在"指定基点或位移:"提示下,选择拉伸的起点,表示AutoCAD将实体目标从什么位置开始拉伸(或移动)。
⑥ 在"指定位移的第二个点或<用第一个点作位移>:"提示下,表明将新选的实体目标拉伸到什么新位置处,单击鼠标确定终点位置,完成拉伸,如图3-43所示。

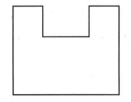

图3-42 绘制图形(三)

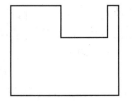

图3-43 拉伸后的图形

(5) **拉长对象** 选择"修改"→"拉长"(LENGTHEN)命令,或在"修改"工具栏中

单击"拉长"按钮,即可修改线段或者圆弧的长度。当执行该命令时,命令行将显示:
"选择对象或[增量(DE)/百分数(P)/全部(T)/动态(DY)]:"
在默认情况下,选择对象后,系统会显示出当前选中对象的长度和包含角等信息。
操作过程如下:
① 绘制图 3-44 所示的两条直线。
② 从菜单栏选择"修改"→"拉长"命令。
③ 启动"拉长"命令后,AutoCAD 给出以下操作提示:"选择对象或[增量(DE)/百分数(P)/全部(T)/动态(DY)]:",输入"p",按<Enter>键。
④ 在提示"输入长度百分数<100.0000>:"后输入"200",按<Enter>键。
⑤ 在提示"选择要修改的对象或[放弃(U)]:"下,按<Enter>键完成拉长操作,如图 3-45 所示。

图 3-44　绘制图形（四）

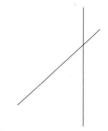
图 3-45　拉长后的图形

（6）**倒角、圆角**　在 AutoCAD 中,可以使用"倒角""圆角"命令修改对象,使其以平角或圆角相接,使用"打断"命令在对象上创建间距。

1) 圆角对象。选择"修改"→"圆角"（FILLET）命令,或在"修改"工具栏中单击"圆角"按钮,即可对对象用圆弧修圆角。当执行该命令时,命令行将显示:
"选择第一个对象或[放弃(U)/多段线(P)/半径(R)/修剪(T)/多个(M)]:"
修圆角的方法与修倒角的方法相似,在命令行提示中,选择"半径（R）"选项,即可设置圆角的半径大小。

2) 倒角对象。选择"修改"→"倒角"（CHAMFER）命令,或在"修改"工具栏中单击"倒角"按钮,即可为对象绘制倒角。当执行该命令时,命令行将显示:
"选择第一条直线或[放弃(U)/多段线(P)/距离(D)/角度(A)/修剪(T)/方式(E)/多个(M)]:"
在默认情况下,需要选择进行倒角的两条相邻的直线,然后按当前的倒角大小对这两条直线修倒角。

第六节　标注尺寸

尺寸是进行工程施工、机械装配和制造的重要依据,它表达了实体的大小,所以尺寸标注是工程图中的重要内容。AutoCAD 向用户提供了方便、快捷的尺寸标注功能,利用这些功能可以快速、准确地标注出工程图的各类尺寸。

一、尺寸标注的基本要素

一个完整的尺寸一般由尺寸文本、尺寸线、箭头（尺寸线的终端）和尺寸界线等部分组成,如图 3-46 所示。

下面介绍尺寸标注的几个组成部分：

① 尺寸文本：尺寸文本用来表示图形对象的实际形状和大小。在 AutoCAD 中，尺寸文本在标注尺寸时由系统自动计算出测量值并进行加注，也可以自己加注。

② 尺寸线：尺寸线用于指示标注的方向和范围。当标注角度时，尺寸线是一段圆弧。

③ 箭头：箭头显示在尺寸线的两端，也称为终止符号。

④ 尺寸界线：尺寸界线也称为投影线，从部件延伸到尺寸线。

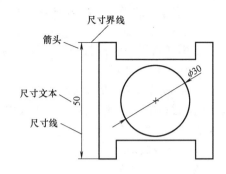

图 3-46　尺寸标注的基本要素

在 AutoCAD 中，标注线通常独立设置为标注层。所有标注线统一在一个层里面。

二、尺寸标注的规则与组成

1. 尺寸标注的规则

在对图形进行尺寸标注时，应遵循以下规则：

1) 当图形中尺寸以 mm 为单位时，不需要标注计量单位的代号或名称。如果采用的是其他单位，如 cm、m 等，则必须注明相应计算单位的代码或名称。

2) 对象的真实大小应以图样上所标注的尺寸数值为依据，与图形的大小及绘图的准确度无关。

3) 图形中标注的尺寸为该图形所表示对象的最后完工尺寸，否则需要另外说明。

4) 对象的每一个尺寸一般情况下只标注一次，并标注在最后反映该对象最清晰的图形上。

2. 尺寸标注的组成

在机械制图或其他工程绘图中，一个完整的尺寸标注应由标注文字、尺寸线、尺寸界线、尺寸线的端点符号及起点等组成，如图 3-47 所示。

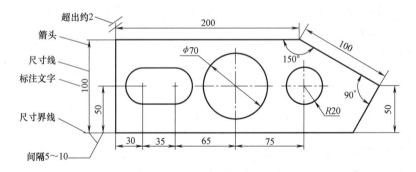

图 3-47　尺寸标注的组成

AutoCAD 提供了 10 余种标注工具，以标注图形对象，分别位于"标注"菜单或"标注"工具栏中。使用它们可以进行角度、直径、半径、线性、对齐、连续、圆心及基线等标注，如图 3-48 所示。

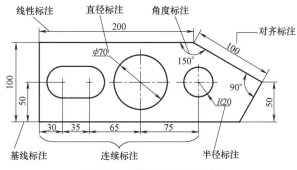

图 3-48 标注工具使用示例

三、设置尺寸标注的样式

标注样式是标注的命令集合，可用来控制标注的外观，如箭头、文字位置和尺寸公差等。用户可以创建标注样式，以快速指定格式，并确保标注符合行业或项目标准。

创建新样式、设置当前样式、修改样式、设置当前样式的替代样式以及比较样式的命令的调用有以下四种方式：

① 功能区：选择"注释"→"标注"→"标注样式"命令。
② 菜单栏：选择"格式"→"标注样式"命令。
③ 工具栏：单击"样式"命令按钮 。
④ 命令行：输入"Dimstyle"命令，然后按<Enter>键。

命令执行后，将打开"标注样式管理器"对话框，如图 3-49 所示。

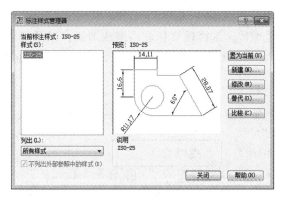

图 3-49 "标注样式管理器"对话框

1）置为当前。单击该按钮，将在"样式"下选定的标注样式设置为当前标注样式。当前标注样式将应用于所创建的标注。

2）新建。单击"新建"按钮后，显示"创建新标注样式"对话框，从中可以定一新的标注样式。

3）修改。单击该按钮，将打开"修改标注样式"对话框，从中可以修改标注样式。

4）替代。单击该按钮，将打开"替代当前样式"对话框，从中可以设置标注样式的临时替代值。

5）比较。单击该按钮，将打开"比较标注样式"，从中可以比较两个标注样式或列出一个标注样式的所有特性。

四、线性标注

"线性"标注命令可以标注两点之间的水平、垂直尺寸,以及尺寸线旋转一定角度的倾斜尺寸。

启动线性尺寸标注的方法如下:

① 菜单栏:选择"标注"→"线性"命令。

② 工具栏:单击"标注"工具栏中的"线性标注"按钮 ⊢⊣。

③ 命令行:输入"Dimliner/Dimlin/Dli"命令。

五、半径标注

启动半径标注命令的方法如下:

① 菜单栏:选择"标注"→"半径"命令。

② 工具栏:单击"标注"工具栏中的"半径标注"按钮 ◎。

③ 命令行:输入"Dimradius/Dra"命令。

当标注圆或圆弧的半径时,选择需要标注的圆或圆弧,以及确定尺寸线位置。当输入尺寸文字时,如果选用 AutoCAD 的默认值,那么半径符号 R 会自动加注。

六、直径标注

启动直径标注命令的方法如下:

① 菜单栏:选择"标注"→"直径"命令。

② 工具栏:单击"标注"工具栏中的"直径标注"按钮 ◎。

③ 命令行:输入"Dimdiameter"命令。

标注直径和标注半径类似,选择需要标注的圆或圆弧,以及确定尺寸线的位置。当输入尺寸文字时,如果选用 AutoCAD 的默认值,那么直径符号会自动加注。

七、角度标注

该命令常用于标注圆弧对应的中心角、相交直线形成的夹角和三点形成的夹角。启动角度标注命令的方式如下:

① 菜单栏:选择"标注"→"角度"命令。

② 工具栏:单击"标注"工具栏中的"角度标注"按钮。

③ 命令行:输入"Dimangular/Dan"命令。

八、几何公差标注

几何公差在机械图形中极为重要。一方面,如果几何公差不能完全控制,装配件就不能正确装配;另一方面,过度吻合的几何公差又会由于额外的制造费用而造成浪费。但在大多数的建筑图形中,几何公差几乎不存在。

1. 几何公差的组成

在 AutoCAD 中,可以通过特征控制框来显示几何公差信息,如图形的形状、轮廓、方向、位置和跳动的偏差等,几何公差的组成如图 3-50 所示。

2. 标注几何公差

选择"标注"→"公差"命令,或在"标注"工具栏中单击"公差"按钮,打开"几何

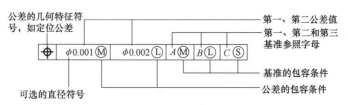

图 3-50 几何公差的组成

公差"对话框,如图 3-51 所示,可以设置公差的符号、值及基准等参数。

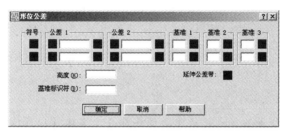

图 3-51 "几何公差"标注对话框㊀

㊀ 形位公差在 GB/T 1182—2008 标准中改为几何公差。

第四章 三维设计基础

实体特征是三维建模最基础也是最重要的一部分,实体特征创建主要包括基准特征、体素特征、扫描特征和设计特征等部分。通常使用两种方法创建特征模型:一种方法是利用"草图"工具绘制曲线的外部轮廓,然后通过扫描特征生成实体效果;另一种方法是直接利用"体素特征"工具创建实体。本章将重点介绍创建实体特征的操作方法。

 学习目标:

- ➢ 掌握基本体素特征的创建方法。
- ➢ 掌握扫描特征的创建方法。
- ➢ 掌握设计特征的创建方法。
- ➢ 掌握细节特征的创建方法。
- ➢ 掌握特征的编辑方法。

第一节 UG 软件简介

本章以三维实体建模软件 UG 为例,学习三维设计方法。UG 是 Unigraphics Solutions 公司的产品,为用户提供了一个较完善的企业级 CAD/CAE/CAM/PDM 集成系统,将先进的参数化和变量化技术与传统的实体、线框和曲面功能结合在一起。

UG 是由大量的功能模块组成的,各模块集成于基础环境模块中,并相互联系和作用,使 UG 成为功能强大的软件系统。其功能模块主要包括 UG/Gateway(入口)模块、产品设计 CAD 模块、数控加工 CAM 模块、性能分析 CAE 模块和二次开发模块等。

一、UG 的 CAD 功能

UG 复合建模模块将基于约束的特征建模和传统的几何(实体、曲面和线框)建模无缝地集成到单一的建模环境内,在设计过程中提供更多的灵活性,用户可以选择最自然地支持设计意图的方法。UG 与参数化 CAD 建模模块相比有许多明显优点:在设计过程中有更多的灵活性;允许参数按需添加,不必强制模型全部约束,在设计过程中有完全的自由度,可以很方便地进行设计改变;允许传统的产品设计过程按需有效地与基于特征的建模组合。

UG 软件具有以下 CAD 的功能:

1. UG/实体建模

实体建模（Solids Modeling）模块是所有其他几何建模产品的基础，将基于约束的特征建模和显式的几何建模方法无缝结合起来，使用户可以充分利用传统的实体、面和线框造型优势。在该模块中可以建立二维和三维线框模型、扫描和旋转实体，以及进行布尔运算与参数化编辑。

2. UG/特征建模

特征建模（Features Modeling）模块用工程特征来定义设计信息，提供了多种常用设计特征，包括各种孔、键、槽、凹腔、方形凸垫、圆柱凸台以及各种圆柱、矩形块、圆锥、球体、管道、杆、倒圆和倒角等，同时也包括抽空实体模型、产生薄壁实体的能力。各设计特征可以用参数化定义，其尺寸大小和位置可以被编辑。

3. UG/自由曲面建模

自由曲面建模（Freeform Modeling）模块把实体建模和曲面建模技术融合在一组强大的工具中，提供生成、编辑和评估复杂曲面的强大功能，可以方便地设计如飞机、汽车、电视机以及其他工业造型设计产品上的复杂自由曲面形状。这些技术包括直纹面、扫描面、通过一组曲线的自由曲面、通过两组正交曲线的自由曲面、曲线广义扫掠、标准二次曲线方法放样、等半径和变半径倒圆、广义二次曲线倒圆、两张及多张曲面间的光顺桥接、动态拉动、等距或不等距偏置等。

4. UG/装配建模

装配建模（Assembly Modeling）提供并行的自顶而下、自下而上和混合装配三种装配设计方法，其生成的装配模型中零件数据是对零件本身的链接映象，保证装配模型和零件设计完全双向相关，并改进了软件操作性能，减少了对存储空间的需求。零件设计修改后装配模型中的零件会自动更新，同时可在装配模型下直接修改零件设计。该模型提供包括坐标定位和逻辑对齐、贴合、偏移等灵活的定位方式和约束关系，在装配中安放零件或子装配件，并可定义不同零件或组件间的参数关系。参数化的装配建模提供描述组件间配合关系的附加功能，也可用于说明通用紧固件组和其他重复部件。装配环境里的干涉、间隙和质量特性分析工具可以检测拟合、重量及重心问题，保证第一次就设计正确，从而减少对物理样机的依赖。

5. UG/工程制图

工程制图（Drafting）模块使用户可以从 UG 三维实体模型得到完全双向相关的二维工程图。该模块可生成与实体模型相关的尺寸标注，保证工程图随实体模型的改变而同步更新。可快速布置二维图的多个视图，包括各种剖视图、向视图和局部放大图，可根据装配信息自动生成零件明细表。

二、UG 的 CAM 功能

UG-CAM 提供了一整套从钻孔、线切割到五轴铣削的单一加工解决方案。在加工过程中的模型、加工工艺、优化和刀具管理上，都可以与主模型设计相连接，始终保持最高的生产率。把 UG 扩展的客户化定制的能力和过程捕捉的能力相结合，就可以一次性地得到正确的加工方案。

UG-CAM 由五个模块组成，即交互工艺参数输入模块、刀具轨迹生成模块、刀具轨迹编辑模块、三维加工动态仿真模块和后置处理模块。

1. 交互工艺参数输入模块

通过人机交互的方式，用对话框和过程向导的形式输入刀具、夹具、编程原点、毛坯和零件等工艺参数。

2. 刀具轨迹生成模块

UG-CAM 最具特点的是其功能强大的刀具轨迹生成方法，包括车削、铣削和线切割等完善的加工方法，其中铣削主要有以下功能：

1) 点对点。完成各种孔加工。
2) 平面铣削。包括单向行切、双向行切、环切以及轮廓加工等。
3) 固定多轴投影加工。用投影方法控制刀具在单张曲面上或多张曲面上的移动，控制刀具移动的可以是已生成的刀具轨迹、一系列点或一组曲线。
4) 可变轴投影加工。
5) 等参数线加工。可对单张曲面或多张曲面连续加工。
6) 裁剪面加工。
7) 粗加工。将毛坯粗加工到指定深度。
8) 多级深度型腔加工。特别适用于凸模和凹模的粗加工。
9) 曲面交加工。按照零件面、导动面和检查面的思路对刀具的移动提供最大程度的控制。

3. 刀具轨迹编辑模块

刀具轨迹编辑器可用于观察刀具的运动轨迹，并提供延伸、缩短或修改刀具轨迹的功能。同时，能够通过控制图形的和文本的信息去编辑刀轨。因此，当要求对生成的刀具轨迹进行修改，或当要求显示刀具轨迹和使用动画功能显示时，都需要刀具轨迹编辑器。动画功能可选择显示刀具轨迹的特定段或整个刀具轨迹。附加的特征能够用图形方式修剪局部刀具轨迹，以避免刀具与定位件、压板等的干涉，并检查过切情况。

刀具轨迹编辑器的主要特点：显示对生成刀具轨迹的修改或修正；可进行对整个刀具轨迹或部分刀具轨迹的刀轨动画；可控制刀具轨迹动画速度和方向；允许选择的刀具轨迹在线性或圆形方向延伸；能够通过已定义的边界来修剪刀具轨迹；提供运动范围，并执行在曲面轮廓铣削加工中的过切检查。

4. 三维加工动态仿真模块

UG/Verify 交互地仿真检验和显示数控刀具轨迹，它是一个无须利用机床，成本低，高效率的测试数控加工应用的方法。UG/Verif 利用 UG/CAM 定义的 BLANK 作为初始的毛坯形状，可以显示刀具去除材料的过程，还可以检验包括刀具和零件碰撞曲面切削、过切或剩余材料等错误。最后在显示屏幕上建立一个完成零件的着色模型，用户可以把仿真切削后的零件与 CAD 的零件模型进行比较，因而可以方便地看到，什么地方出现了不正确的加工情况。

5. 后置处理模块

UG/Postprocessing 包括一个通用的后置处理器（GPM），使用户能够方便地建立用户定制的后置处理。通过使用加工数据文件生成器（MDFG）一系列交互选项提示用户选择定义特定机床和控制器特性的参数，包括控制器和机床特征、线性和圆弧插补、标准循环、卧式或立式车床和加工中心等。这些易于使用的对话框允许为各种钻床、多轴铣床、车床和电火花线切割机床生成后置处理器。后置处理器的执行可以直接通过 UG 软件或通过操作系统来完成。

第二节 基 准

一、基准平面

平面构造器主要用于绘图时定义基准平面、参考平面或者切割平面等。选择菜单栏中的"插入"→"基准/点"→"基准平面"命令，弹出"基准平面"对话框，如图4-1所示。

图4-1 "基准平面"对话框

二、基准轴

直接应用基准轴工具的情况并不多，通常被矢量工具代替，矢量经常用于拉伸、创建基准轴和拔模等命令，以及用于移动和变换等方向矢量中，选择菜单栏中的"插入"→"基准/点"→"基准轴"命令，弹出"基准轴"对话框，在该对话框的类型栏中单击"三角形"按钮，弹出"类型"下拉列表，如图4-2所示。

矢量工具不能直接调出，通常镶嵌在其他工具内，选择菜单栏中的"编辑"→"移动对象"命令，弹出"移动对象"对话框。

在"移动对象"对话框中选择"距离"运动类型，再单击"矢量"按钮，弹出"矢量"对话框，如图4-3所示。该对话框与"基准轴"对话框相似，用来定义矢量方向。

图4-2 "基准轴"对话框

图4-3 "矢量"对话框

三、基准点

无论是创建点，还是创建曲线，甚至是创建曲面，都需要使用到点构造器。选择菜单栏中的"插入"→"基准/点"→"点"命令，弹出"点"对话框，如图 4-4 所示。

当使用点构造器时，点的类型有自动判断、光标位置和端点等，如图 4-5 所示。

在一般情况下默认用自动判断完成点的捕捉。其他类型的点在自动判断不能完成的情况下，再选择使用点过滤器。

各选项含义如下：

1）端点。捕捉曲线或者实体、片体边缘端点。

 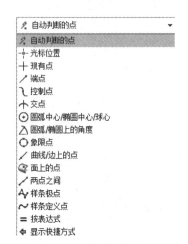

图 4-4 "点"对话框　　　　　　图 4-5 点类型下拉列表

2）控制点。捕捉样条曲线的端点、极点和直线的中点等。

3）交点。捕捉线与线的交点、线与面的交点。

4）圆弧中心/椭圆中心/球心。捕捉圆心点、球心点和椭圆中心点。

5）圆弧/椭圆上的角度和沿圆弧或椭圆成角度的位置步骤点。需要选择圆弧或椭圆，然后输入角度完成捕捉点。

6）象限点。捕捉圆、圆弧和椭圆的四分点。

7）曲线/边上的点。设置点在曲线的位置百分比捕捉点，需要选择曲线，然后输入 U 向参数完成捕捉点。

8）面上的点。设置 U 向和 V 向的位置百分比捕捉点。需要选择曲面，然后输入 U 向参数值、V 向参数值，即可完成捕捉点。

9）两点之间。在两点之间按位置的百分比创建点。需要选择两个点，然后输入百分比完成捕捉点。

四、基准坐标系

基准坐标系工具用来创建基准 CSYS。选择菜单栏中的"插入"→"基准/点"→"基准 CSYS"命令，弹出"基准 CSYS"对话框，在该对话框中可选择坐标系类型选项，如图 4-6 所示。

图 4-6 "基准 CSYS"对话框

基准坐标系与坐标系的不同点在于，基准坐标系在创建时不仅建立了 WCS，还建立了三个基准平面 XY、YZ、ZX，以及三个基准轴 X、Y、Z 轴。

第三节　零部件基本特征的创建

一、创建拉伸特征

拉伸是将草图截面或曲线截面沿一定的方向拉伸一定的线性距离形成的实体特征。在菜单栏中选择"插入"→"设计特征"→"拉伸"命令，或在工具栏中单击"拉伸"按钮，系统弹出"拉伸"对话框，如图 4-7 所示。

各选项含义如下：

（1）**截面线**　选取用于拉伸实体的截面曲线或选择面进行临时绘制草图截面。

1）选择曲线。用于选择被拉伸的曲线，如果选择面，则自动进入草绘模式。

2）绘制截面。用户可以进行该选项首先绘制拉伸的轮廓，然后进行拉伸。

（2）**指定矢量**　指定用于拉伸实体的成长方向，默认方向为截面的法向方向。用户可以单击旁边的下拉菜单选择矢量选择列表。

（3）**开始/结束**　指定沿拉伸方向输入的起始位置值和结束位置值，可以通过动态箭头来调整。

（4）**值**　输入拉伸的距离数值。

1）对称值。用于约束生成的几何体，关于选取的截面对称成长。

2）直至下一个。沿拉伸方向拉伸到下一个对象。

3）直至选定。拉伸到选定的表面、基准面或实体面。

4）直至延伸部分。允许用户裁剪拉伸体至选定的表面。

5）贯通。拉伸特征沿拉伸矢量方向完全通过所有的实体生成拉伸体。

（5）**布尔**　指定生成的拉伸体和其他实体对象进行的布尔运算，可以选取无运算、求和、求差、求交，以及系统自动计算等。分别解释如下：

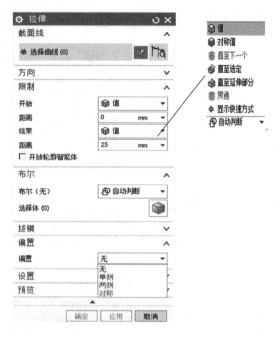

图 4-7 "拉伸"对话框

1)无。创建独立的拉伸实体。
2)合并。将拉伸体积与目标体合并为单个体。
3)减去。从目标体移除拉伸体。
4)相交。创建包含拉伸特征和与它相交的现有体共享的体积。
5)自动判断。根据拉伸的方向矢量及正在拉伸的对象位置来确定概率最高的布尔运算。

(6) **拔模** 用于指定拉伸实体的同时,对拉伸侧面进行拔模,可以输入负值来反向拔模。

1)从起始限制。允许用户从起始点至结束点创建拔模。
2)从截面。允许用户从起始点至结束点创建的锥角与截面对齐。
3)从截面-不对称角。允许用户沿截面至起始点和结束点创建不对称锥角。
4)从截面-对称角。允许用户沿截面至起始点和结束点创建对称锥角。
5)从截面匹配的终止处。允许用户沿轮廓线至起点和结束点创建的锥角,与梁端面处的锥面保持一致。

(7) **偏置** 将拉伸实体向内、向外或同时向内外偏移一定的距离。

1)单侧。用于生成单侧偏置实体。
2)两侧。用于生成双侧偏置实体。
3)对称。用于生成对称偏置实体。

二、创建旋转特征

旋转体是指截面线圈绕一轴线旋转一定角度所形成的特征体。在"特征"工具条中单击"旋转"按钮 ,或在上边框条中选择"菜单"→"插入"→"设计特征"→"旋转"命令,打开图 4-8 所示的"旋转"对话框。此对话框与"拉伸"对话框非常类似,功能也一样，不同的是它没有"拔模"和"方向"选项组，而是多了"轴"选项组。

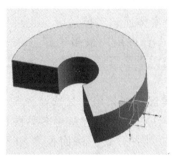

图 4-8 "旋转"对话框与实例

旋转体的操作方法如下：

1）选择截面线圈。在绘图工作区选择要旋转扫掠的线圈，即截面线圈。

2）确定旋转方向。

3）输入角度的起点和结束点。

4）在"偏置"选项组中，输入偏置参数，它们可以是正或负，正参数代表偏置方向与虚线箭头一致，负参数代表偏置方向与虚线箭头相反。当然，这一步可以不操作。

5）选中"预览"复选框。单击"确定"按钮。

各选项含义如下：

（1）截面线

1）曲线。用于选择旋转的曲线，如果选择为面则自动进入草绘模式。

2）绘制截面。用户可以通过该选项首先绘制回转的轮廓，然后进行回转。

（2）轴

1）指定矢量。该选项让用户指定旋转轴的矢量方向，也可以通过下拉菜单调出矢量构成选项。

2）指定点。该选项让用户通过指定旋转轴上的一点，来确定旋转轴的具体位置。

3）反向。与拉伸中的方向选项类似，其默认方向是生成实体的法线方向。

（3）限制 "限制"选项让用户指定旋转的角度，其功能如下：

1）开始/结束。指定旋转的开始/结束角度，总数值不能超过360°。结束角度大于起始角旋转方向为正方向，否则为反方向。

2）直至选定。该选项让用户把截面集合体旋转到目标实体上的选定面或基准平面。

（4）布尔 "布尔"选项用于指定生成的几何体与其他对象的布尔运算，包括无、相交、合并和减去几种方式。配合起始点位置的选取可以实现多种拉伸效果。

（5）偏置　"偏置"选项让用户指定偏置形式，分为无和两侧。

1）无。直接以截面曲线生成旋转特征。

2）两侧。指在截面曲线两侧生成旋转特征，以结束值和起始值之差为实体的厚度。

三、创建扫掠特征

扫掠创建曲面的方法，就是把截面线串沿着用户指定的路径扫掠获得曲面。它的操作方法如下：

1. 选择引导线

在上边框条中选择"菜单"→"插入"→"扫掠"→"扫掠"命令，或者单击"曲面"工具条中的"扫掠"按钮 ，打开图4-9所示的"扫掠"对话框。

引导线可以是实体面、实体边缘，也可以是曲线，还可以是曲线链。UG允许用户最多选择三条引导线。选择的引导线数目不同，要求用户设置的参数不同。下面将分别说明这三种情况：

（1）**一条引导线**　如果用户只选择一条引导线，那么截面线串沿着引导线扫掠时可能获得多种曲面，因此用户还需要指定曲面的对齐方式、截面位置和尺寸的变化规律等。

（2）**两条引导线**　如果用户选择两条引导线，那么截面线串沿着引导线扫掠时，扫掠方向可以由两条截面线串确定，但是尺寸大小仍然不能确定，因此用户还需要指定尺寸的变化规律。

（3）**三条引导线**　如果用户选择三条引导线，那么扫掠方向和尺寸变化都可以确定，用户就不需要再指定其他参数了。

图4-9　"扫掠"对话框

2. 选择截面线串

要求用户选择截面线串作为扫掠的轮廓曲线。

截面线串的选择方法和引导线的选择方法相同，不同的是，截面线串最多可以选择150条。

3. 设置曲面参数

完成引导线和截面线串的选择后，用户可以在"扫掠"对话框中设置"截面位置"和"公差"等曲面参数，如图4-10所示。

（1）**对齐方法**　"扫掠"对话框中只有两种对齐方法，用户只要在"对齐"下拉列表框中选择"参数"或者"弧长"即可。系统默认的是"参数"对齐方法。

（2）**截面位置**　"截面位置"用来指定截面在扫掠过程中的位置。

如果在"截面位置"下拉列表框中选择"引导线末端"选项，扫掠后生成曲面的截面在导线末端。

如果在"截面位置"下拉列表框中选择"沿导线任何位置"选项，扫掠后生成曲面的截面在导线的任何一个位置都有，这是系统默认的截面位置。

图4-10所示为选择了引导线和截面线串之后，扫掠完成的曲面。

（3）**公差**　"公差"文本框用来指定生成的曲面和曲线之间的误差，一般使用默认值

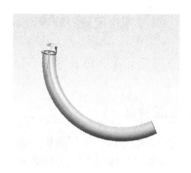

图 4-10 设置"截面位置"和"公差"及实例

即可。

4. 指定曲面的方向

当完成曲面的各项参数设置后,用户可以指定曲面的方向。如图 4-11 所示,决定曲面方位的方法共有以下七种:

① 固定。该选项指定截面线串沿着截面线串所在平面的法向方向和导引线方向,扫掠生成曲面。

② 面的法向。该选项指定截面线串沿着用户指定面的法向和导引线方向,扫掠生成曲面。

选择"面的法向"选项,打开图 4-12 所示的"扫掠"对话框。提示用户选择方向面,以确定面的法向。

图 4-11 确定曲面方位的方法　　　　图 4-12 选择面的法向对话框

③ 矢量方向。该选项指定截面线串沿着用户指定的矢量方向和导引线方向，扫掠生成曲面。

选择"矢量方向"选项，在其下方显示"指定矢量"选项。用户可以单击"矢量对话框"按钮，打开"矢量"对话框构造一个矢量。

④ 另一曲线。该选项指定曲面方位由用户指定的另一曲线和导引线共同决定。

⑤ 一个点。该选项指定曲面的方位由用户指定的一个点和导引线共同决定。

⑥ 角度规律。该选项指定截面线串按照角度规律沿着导引线方向，扫掠生成曲面。

⑦ 强制方向。该选项指定截面线串沿着用户指定的强制方向和导引线方向，扫掠生成曲面。

选择"强制方向"选项，将显示与选择"矢量方向"相同的"扫掠"对话框，供用户指定一个强制方向。

四、创建曲面特征

有很多种创建曲面的方法，可以根据点创建曲面，可以通过曲线创建曲面，如通过曲线组和曲线网格等，也可以通过扫描的方式得到曲面，还可以通过曲面操作得到曲面，如延伸曲面、桥接曲面和剪裁曲面等创建曲面。直接单击"曲线"工具条上的相应图标按钮，即可进入相应的对话框。大多数方法都具有参数化设计特点，便于及时根据设计要求修改曲面。

在 NX 建模环境中，右击非绘图区，从弹出的快捷菜单中选择"曲面"命令，就可以添加"曲面"选项卡，图 4-13 所示为"曲面"选项卡。

图 4-13 "曲面"选项卡

创建曲面的方法有以下几种：
1）从极点生成曲面。
2）四点曲面。
3）通过曲线创建曲面。
4）通过曲线组创建曲面。
5）通过曲线网格创建曲面。
6）通过扫掠创建曲面。
7）艺术曲面的创建。
8）N 边曲面的创建。
9）有界平面。

第四节　零部件附加特征的创建

一、圆角的创建

1. 边倒圆

边倒圆通过使选择的边缘按指定的半径进行倒圆。"边倒圆"对话框如图 4-14 所示，其参数如下：
(1) **边** 在"边"选项中，设定以恒定的半径倒圆。
(2) **变半径** 在"变半径"选项中，设定沿边缘的长度进行可变半径倒圆。
(3) **拐角倒角** 在"拐角倒角"选项中，设定为实体三条边的交点倒圆。
(4) **拐角突然停止** 在"拐角突然停止"选项中，设定对局部边缘段倒圆。
(5) **溢出** "溢出"用来设置滚动边等参数。
(6) **设置** 设置圆角重叠，另外还可以设置移除自相交、公差等参数。

可以运用恒定的半径倒圆功能对选择的边缘创建同一半径的圆角，选择的边可以是一条边或多条边。

如绘制长方体，在菜单栏中选择"矩形"命令，指定圆点为系统坐标系原点，输入长和宽后单击"确定"，完成草图，单击"拉伸"命令拉伸长度，完成创建，如图4-15所示。

图4-14 "边倒圆"对话框　　　　　图4-15 "边倒圆"操作

倒圆角，在"特征"组中单击"边倒圆"按钮，系统弹出"边倒圆角"对话框，选取要倒圆角的实体边缘，在"边倒圆"对话框中的"半径"文本框中输入倒圆角半径值后单击"确定"按钮，结果如图4-16所示。

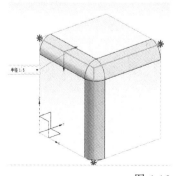

图4-16 倒圆角示例

可以运用"变半径"功能对选择的边创建不同半径的圆角，选择的边可以是一条边或多条边。在"特征"工具条中单击"边倒圆"按钮，打开"边倒圆"对话框。选择需要倒圆的实体边。在"边倒圆"对话框中展开"变半径"选项组，如图4-17所示。在需要倒圆的实体边缘上选择不同的点，并在"V半径"文本框中输入不同的半径值。单击"边倒圆"对话框中的"确定"按钮，完成边缘倒角，如图4-18所示。

可以运用拐角倒角功能在实体三条边缘的相交部分，创建光滑过渡的圆角。用拐角倒角的操作步骤如下：

1）在"特征"工具条中单击"边倒圆"按钮，弹出"边倒圆"对话框。

2）选择需要倒圆的实体边缘，要选择三条相交的实体边缘。

3）在"边倒圆"对话框中展开"拐角倒角"选项组。

4）选择顶点，以指定倒角深度距离。

5）在"边倒圆"对话框中输入圆角半径值和回切距离值。

6）单击"边倒圆"对话框中的"确定"按钮，完成边缘倒角，如图4-19所示。

图4-17 "边倒圆"对话框

图4-18 边倒圆示例

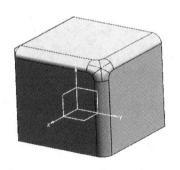

图4-19 拐角倒角示例

2. 面倒圆

面倒圆是在选择的两个面的相交处建立圆角。

在"特征"工具条中单击"面倒圆"按钮，打开"面倒圆"对话框，如图4-20所示。

参数设置如下：

类型：有两个类型，即"双面"和"三面"。

面：选择要倒圆的面。

横截面：圆的规定横截面为圆形或二次曲线。

修剪：设置倒圆的修剪和缝合参数。
设置：设置其他参数。

二、倒斜角的创建

倒斜角就是通过定义要求的倒角尺寸，斜切实体边缘的操作。

在上边框条中选择"菜单"→"插入"→"细节特征"→"倒斜角"命令，或在"特征"工具条中单击"倒斜角"按钮，打开"倒斜角"对话框，如图 4-21 所示。在"倒斜角"对话框中提供了三种倒斜角的选项，分别为"对称""非对称""偏置和角度"。

对称：选择此项，建立沿两个表面的偏置量相同的倒角，如图 4-22 所示。

非对称：选择此项，建立沿两个表面的偏置量不同的倒角，如图 4-23 所示。

偏置和角度：选择此项，建立偏置是由一个偏置值和一个角度决定的偏置，如图 4-24 所示。

距离：在此输入偏置的数值。

图 4-20 "面倒圆"对话框

图 4-21 "倒斜角"对话框

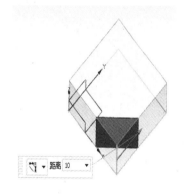

图 4-22 对称倒角

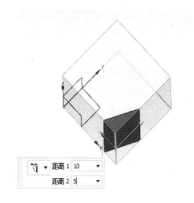

图 4-23 非对称倒角

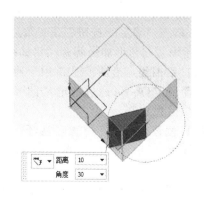

图 4-24 偏置和角度

偏置方法：选择偏置的方式。

设置完成后，单击"确定"按钮，即可生成倒斜角。

三、筋的创建

三角形加强筋主要用于在两个相交面的交线上创建一个三角形筋板，从而连接两个相交面，起到加强其强度的作用。

在菜单栏中选择"插入"→"设计特征"→"三角形加强筋"命令，或者单击"特征"组中的"三角形加强筋"按钮，系统弹出"三角形加强筋"对话框，如图4-25所示。

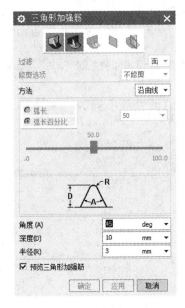
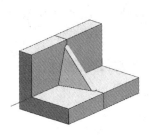

图4-25 "三角形加强筋"对话框及加强筋示例

操作步骤如下：

1）执行上述方式，打开图4-25所示"三角形加强筋"对话框。

2）选择定位三角形加强筋的第一组面。

3）单击"第二组"，选择定位三角形加强筋的第二组面。

4）选择定位三角形加强筋的方法。

5）指定所需三角形加强筋的尺寸。

6）单击"确定"按钮创建三角形加强筋特征。

用于设置三角形加强筋有"沿曲线"和"位置"两种定位方法：

（1）**沿曲线** 沿曲线是指用于通过两组面交线的位置来定位，可通过指定"圆弧长"或"%圆弧长"值来定位。

（2）**位置** 选择"位置"选项，对话框的变化如图4-26所示，此时可单击图标来选择定位方式。

（3）**圆弧长** 圆弧长是指用于为相交曲线上的基点输入参数值或表达式。

（4）**%圆弧长** %圆弧长是指用于对相交处的

图4-26 选取"位置"时的对话框

点前后切换参数,即从弧长切换到弧长百分比。

(5) **尺寸** 尺寸是指指定三角形加强筋特征的尺寸。

四、拔模特征的创建

拔模特征操作是将目标体的表面或边缘,按指定的拔模方向,倾斜一定大小的锥度,拔模角有正负之分,正的拔模角使得拔模体朝拔模矢量中心靠拢,负的拔模角使得拔模体背离拔模矢量中心。

注意:当拔模特征操作时,拔模表面和拔模基准面不能平行。要修改拔模时可以编辑拔模特征,包括拔模方向和拔模角。

1. 操作方法

在上边框条中选择"菜单"→"插入"→"细节特征"→"拔模体"命令,或在"特征"工具条中单击"拔模体"按钮,打开图 4-27 所示的"拔模体"对话框,选择拔模的类型,若选择"面"拔模类型,则需依次选择"分型对象""脱模方向""面""拔模角"和"设置",选中"预览"复选框,单击"确定"按钮即可完成拔模操作,如图 4-28 所示。

图 4-27 "拔模体"对话框

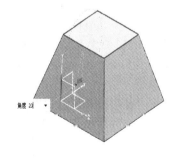

图 4-28 "面"拔模示例

2. 拔模类型

"面"拔模操作类型需要分型对象、脱模方向、面和拔模角度四个关联参数,其中拔模角度可以进行编辑修改。

"边"拔模是指对指定的一边缘组拔模。从边缘拔模的最大优点是可以进行变角度拔模,操作步骤是:在图 4-29 所示的"拔模体"对话框的"类型"下拉列表中选择"边"选项,选择"脱模方向",选择分型上面的边和下面的边,在"角度"的文本框中设置参数,单击"确定"或"应用"按钮,如图 4-30 所示。

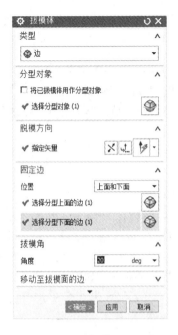

图 4-29 "拔模体"对话框

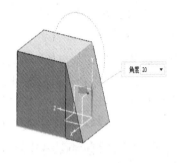

图 4-30 "边"拔模示例

五、抽壳特征

抽壳是指让用户根据指定的厚度值,在单个实体周围抽出或生成壳的操作。定义的厚度值可以是相同的也可以是不同的。抽壳主要是对塑料件进行掏空实体内部的操作,从而建立均匀薄壁件。

在上边框条中选择"菜单"→"插入"→"偏置/缩放"→"抽壳"命令或在"特征"工具条中单击抽壳按钮 ,打开"抽壳"对话框,如图 4-31 所示。在该对话框中提供了运用抽壳功能的操作步骤,包括选择类型、要穿透的面和输入壁壳厚度值等。下面介绍一下其中的参数设置:

1)类型:有两种类型可供选择。

2)移除面,然后抽壳:选择此类型,可以指定从壳体中移除的面。

对所有面抽壳:选择此类型,生成的将是封闭壳体。

3)厚度:规定壳的厚度。

4)备选厚度:选择面调整抽壳厚度。

5)设置:设置相切边和公差等的参数。

利用抽壳功能创建壳体的操作步骤如下:

1)在"特征"工具条中单击"抽壳"按钮,打开"抽壳"对话框。

2)在"类型"下拉列表框中选择"移除面,然后抽壳"选项,在绘图区内选择移除面。

图 4-31 "抽壳"对话框

3）在"厚度"文本框中输入壳的厚度值。

4）在"抽壳"对话框中单击"确定"按钮,完成该抽壳操作,得到抽壳的效果如图4-32所示。

六、孔特征的创建

孔是较常用的特征之一。通过沉头孔、埋头孔和螺孔选项向部件或装配中的一个或多个实体添加孔。

当用户选择不同的孔类型时,"孔"对话框中的参数类型和参数的个数都将相应改变。在该对话框中输入创建孔特征的每个参数的数值。如果需要通孔,则在选定目标实体和安放表面后还需选择通过表面。孔特征的具体操作方法如下:

图 4-32 抽壳效果图

1）在上边框条中选择"菜单"→"插入"→"设计特征"→"孔"命令,或在"特征"工具条中单击"孔"按钮,打开"孔"对话框,如图4-33所示。

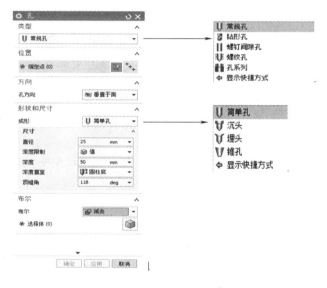

图 4-33 "孔"对话框⊖

2）确定孔共有五种类型。

3）选择孔的位置和孔的方向。

4）设置孔的形状和尺寸,孔的形状需要在"成形"下拉列表框中进行选择,这里共有四种类型。孔的尺寸参数主要包括"直径""深度"和"顶锥角"等。

5）设置其他参数（如布尔运算）后,单击"确定"按钮,此时进入草图绘制界面,在目标体上给孔定位。

6）定位后单击"确定"按钮就得到了孔的效果。四种孔的形状如图4-34所示。

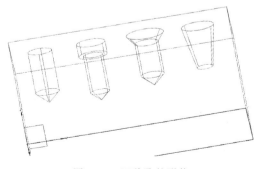

图 4-34 四种孔的形状

⊖ 螺纹孔是指螺孔。

第五节　特征的编辑

一、镜像特征

镜像特征是对选取的特征相对于平面或基准平面进行镜像的,镜像后的副本与原特征完全关联。

在菜单栏中选择"插入"→"关联复制"→"镜像特征"命令,或者在"特征"组中单击"镜像特征"按钮，系统会弹出图4-35所示的"镜像特征"对话框,镜像效果如图4-36所示。

 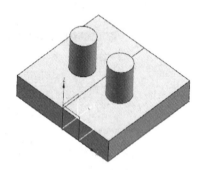

图4-35　"镜像特征"对话框　　　　　　　图4-36　镜像效果图

二、移动特征

移动特征操作是指移动特征到特定的位置。在"特征"工具条中单击"移动特征"按钮,或在上边框条中选择"菜单"→"编辑"→"特征"→"移动"命令,打开"移动特征"对话框,选择坐标系,如图4-37所示。选择移动特征操作的目标特征体,进行定位,如图4-38所示。

图4-37　"移动特征"对话框　　　　　　　图4-38　目标特征体定位

"移动特征"对话框包含三个参数和三个选项。三个参数是移动距离增量:DXC、DYC、DZC,分别表示X、Y、Z方向上的移动距离。三个选项分别介绍如下:

(1) **至一点**　"至一点"指定特征移动到一点。

(2) 在两轴间旋转 "在两轴间旋转"指定特征在两轴间旋转。
(3) CSYS 到 CSYS "CSYS 到 CSYS"把特征从一个坐标系移动到另一个坐标系。

三、复制特征

复制特征包括阵列特征、镜像体、镜像特征和复制面等。复制特征操作可以方便快速地完成特征建立。阵列特征的主要优点是可以快速建立特征群，但不能建立实例特征的有倒圆、基准面、偏置片体、修剪片体和自由形状特征等。

1. 实例特征操作方法

在"特征"工具条中单击"阵列特征"按钮，或者在上边框条中选择"菜单"→"插入"→"关联复制"→"阵列特征"命令，打开图 4-39 所示的"阵列特征"对话框，选择特征布局再选择要进行实例特征操作的特征，单击"确定"按钮，输入一系列参数，如复制特征数量和偏置距离等，最后单击"应用"按钮即可。

2. 实例特征布局

线性阵列根据阵列数量、偏置距离对一个或多个特征建立引用阵列，它是线性的，沿着 WCS 的 XC 和 YC 方向偏置。在打开的"阵列特征"对话框中的"阵列定义"选项组的"布局"下拉列表框中选择"线性"选项，用鼠标选择要进行实例特征操作的特征，输入相应的参数，单击"确定"按钮，效果如图 4-40 所示。

图 4-39 "阵列特征"对话框（一）

圆形阵列是将选择的特征建立圆形的引用阵列，它根据指定的数量、角度和旋转轴线来生成引用阵列。当建立引用阵列时，必须保证阵列特征能在目标实体上完成布尔运算。在"阵列特征"对话框"阵列定义"选项组的"布局"下拉列表框中选择"圆形"选项，如图 4-41 所示，选择"指定矢量"和"指定点"，输入参数后，单击"确定"按钮，效果如图 4-42 所示。

阵列特征布局还有"多边形""螺旋""沿""常规"和"参考"，可以在"布局"下拉列表框中进行选择，设置方式参考圆形和线性的布局设置方式进行。

图 4-40 线性阵列效果图

四、特征的隐藏

在上边框条的"视图"上单击"显示和隐藏"按钮，弹出"显示和隐藏"对话框，如图 4-43 所示。

由于图形区中已创建了实体特征，所以在"显示和隐藏"对话框的列表框中即可看见有一个类型（几何体）和两个分类型（体和基准）。

选择草图类型和基准类型，再单击列表框中的"隐藏"按钮，即可将图形区中的草图曲线和基准坐标系隐藏，效果如图 4-44 所示。

图4-41 "阵列特征"对话框（二）

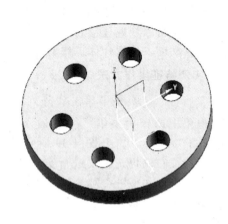

图4-42 圆形阵列效果图

图4-43 "显示和隐藏"对话框

图4-44 隐藏效果图

"隐藏"就是使选择的对象在视图中不可见。单击在上边框的"隐藏"按钮，弹出"类选择"对话框，如图4-45所示。按信息提示选择要隐藏的对象，然后单击"类选择"对话框中"确定"按钮，该对象立即被隐藏。

"立即隐藏"就是一旦选定要隐藏的对象后，就立即隐藏。"立即隐藏"比"隐藏"节省了操作步骤。在上边框条中单击立即隐藏按钮，弹出"立即隐藏"对话框，如图4-46所示。

图4-45 "类选择"对话框

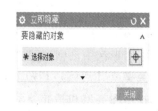

图4-46 "立即隐藏"对话框

第六节 零部件装配设计

装配图表达了机器或部件的工作原理及零件、部件间的装配关系,是机械设计和生产中的重要技术文件之一,是指定装配工艺流程、进行装配和检验的技术依据。可在 UG 装配模块中模拟真实的装配操作,并可创建装配工程图,通过装配图来了解机器的工作原理和构造。

UG 装配建模模块提供自顶向下和自底向上的产品开发方法,所生成的装配模型中零件数据是对零件的链接映像,可对装配模型进行间隙分析和质量管理等操作,保证装配模型和零件设计完全关联,并改进了软件操作性能,减少了对存储空间的需求。此外,为了便于查看装配体中各部件之间的装配关系,可建立爆炸视图,并可将其引入到装配工程图中;同时,在装配工程图中可自动产生装配明细表,并能对轴测图进行局部剖切。

一、装配的基本术语

在装配设计中常用的概念和术语有:装配部件与子装配、组件、组件对象、单个零件、上下文中设计、配对条件和主模型等。

1. 装配部件

所装配的部件是由零件和子装配构成的部件。在 UG 系统中,可以向任何一个部件文件中添加部件来构成装配。任何一个部件文件都可以作为一个装配的部件,也就是说零件和部件从这个意义上说是相同的。

2. 子装配

子装配是在高一级装配中被用作组件的装配,所以子装配包含自己的组件。因此,子装配是一个相对的概念,任何一个装配部件可在更高级的装配中作为子装配。

3. 组件对象

组件对象是从装配部件链接到部件主模型的指针实体,一个组件形象记录的信息包括部件的名称、层、颜色、线型、线宽、引用集和配对条件,在装配中每一个组件仅仅包含一个指针指向它的几何体。

4. 组件

组件是装配中由组件对象所指的部件文件,组件可以是单个部件也可以是一个子装配,组件是由装配部件引用而不是复制到装配部件中的。

5. 主模型

主模型是供 UG 各功能模块共同引用的部件模型。同一主模型可以被装配、工程图、数控加工和 CAE 分析等多个模块引用。当主模型改变时,其他模块(如装配、工程图、数控加工和 CAE 分析等)跟着进行相应的改变。

6. 单个零件

在装配外存在的零件几何模型,它可以添加到一个装配中,但它本身不能含有下级组件。

7. 上下文中设计

上下文中设计是指当装配部件中某组件设置为工作组件时,可以在装配过程中对组件几何模型进行创建和编辑。这种设计方式主要用于在装配过程中,参考其他零部件的几何外形进行设计。

8. 配对条件

配对条件也叫作约束条件,是用来定位组件在装配中的位置和方位。配对是由在装配部件中两组件间特定的约束关系来完成的。在装配时,可以通过配对条件来确定某组件的位置。可以使用不同的约束组合去完全固定一个组件在装配中的位置。系统认为其中一个组件在装配中的位置是被固定在一个恒定位置中,然后对另一组件计算一个满足规定约束的位置。两个组件之间的关系是相关的,如果移动固定组件的位置,当更新时,与它约束的组件也会移动,如如果约束一个螺栓到螺栓孔,若螺栓孔移动,则螺栓也随之移动。

二、装配的内容

在装配过程中通常根据装配的成分进行组装、部装和总装。在装配之前,为保证装配的准确性和有效性,需要进行零部件清洗、尺寸和重量分选、平衡等准备工作,然后进行零件的装入、连接、部装和总装,并在装配过程中执行检验、调整和试验,最后还要进行试运转、涂装和包装等工作。

三、装配方法

装配方法主要包括自底向上装配设计、自顶向下装配设计及两者的混合装配设计。

1. 自底向上装配设计方法

自底向上装配设计方法是先创建装配体的零部件,然后把它们以组件的形式添加到装配部件中,这种装配设计方法先创建最下层的子装配件,再把各子装配件或部件装配到更高级的装配部件,直到完成装配任务为止。使用这个方法的前提条件是完成所有组件的建模操作。使用这种装配方法执行逐级装配顺序清晰,便于准确定位各个组件在装配体的位置。

2. 自顶向下装配设计方法

自顶向下装配是指在装配级中创建与其他部件相关的部件模型,是从装配部件的顶级向下产生子装配和零件的方法。因此,自顶向下装配是先在结构树的顶部生成一个装配,然后下移一层,生成子装配和组件。因为一个零部件的构建是在装配的环境中进行的,可以首先在装配中建立几何体模型,然后产生新组件,并把几何体模型加入到新建组件中,这时在装配中仅包含指向该组件的指针。

自顶向下装配设计主要用于装配部件的上下文中设计。自顶向下装配设计包括两种设计方法:一是在装配中先创建几何模型,再创建新组件,并把几何模型加到新组件中;二是在装配中创建空的新组件,并使其成为工作部件,再按上下文中设计的设计方法在其中创建几何模型。

四、装配过程

1. 自底向上装配

在实际的装配过程中,多数情况都是利用已经创建好的零部件通过常用方式调入装配环境中,然后设置约束方式限制组件在装配体中的自由度,从而获得组件定位效果。为方便管理复杂装配体组件,可创建并编辑引用集,以便有效管理组件数据。

(1) **添加组件** 执行自底向上装配的首要工作是将现有的组件导入装配环境,才能进行必要的约束设置，从而完成组件定位效果。在 UG 中提供多种添加组件方式和放置组件的方式，并对于装配体所需相同组件可采用多重添加方式，避免烦琐的添加操作。

单击"装配"工具栏中的"添加组件"按钮，打开"添加组件"对话框，如图 4-47 所示。在该对话框的"部件"面板中，可通过四种方式指定现有组件，第一种是单击"选择部件"按钮，直接在绘图区选取组件执行装配操作；第二种是选择"已加载的部件"列表框中的组件名称执行装配操作；第三种是选择"最近访问的部件"列表框的组件名称执行装配操作；第四种是单击"打开"按钮，然后在打开的"部件名"对话框中指定路径选择部件。

(2) **组件定位** 在"组件定位"对话框的"设置"面板中，可指定组件在装配中的定位方式，其设置方法是：单击"定位"列表框右方的小三角按钮，在弹出的下拉列表框中包含以下四种定位操作：

1) 绝对原点。使用绝对原点定位是指执行定位的组件与装配环境坐标系位置保持一致，也就是说按照绝对原点定位的方式确定组件在装配中的位置。通常将执行装配的第一个组件设置为"绝对定位"方式，其目的

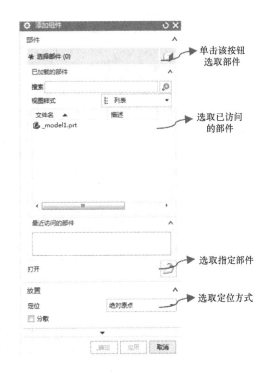

图 4-47 "添加组件"对话框

是将该基础组件"固定"在装配体环境中，这里所讲的固定并非真正的固定，仅仅是一种定位方式。

2) 选择原点。使用选择原点定位，系统将通过指定原点定位的方式确定组件在装配中的位置，这样该组件的坐标系原点将与选取的点重合。通常情况下添加第一个组件都是通过选择该选项确定组件在装配体中的位置，即选择该选项并单击"确定"按钮，然后在打开的"点"对话框中指定点位置，如图 4-48 所示。

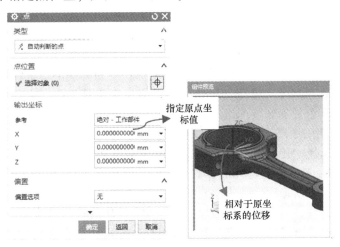

图 4-48 设置原点定位组件

3）通过约束。通过约束方式定位组件就是选取参照对象并设置约束方式，即通过组件参照约束来显示当前组件在整个装配中的自由度，从而获得组件定位效果。其中约束方法包括接触对齐、中心、平行和距离等。

4）移动。将组件加到装配中后相对于指定的基点移动，并且将其定位。选择该选项，将打开"点"对话框，此时指定移动基点，单击"确定"按钮确认操作。

2. 自顶向下装配

自顶向下装配的方法是指在上下文设计中进行装配，即在装配过程中参照其他部件对当前工作部件进行设计，如在一个组件中定义孔时需要引用其他组件中的几何对象进行定位，当工作部件是未设计完成的组件而显示部件是装配部件时，自顶向下装配方法非常有用。

当装配建模在装配上下文中，可以利用链接关系建立从其他部件到工作部件的几何关联。利用这种关联，可引用其他部件中的几何对象到当前工作部件中，再用这些几何对象生成几何体。这样，一方面提高了设计效率，另一方面保证了部件之间的关联性，便于参数化设计。

（1）装配方法一 该方法是先建立装配关系，但不建立任何几何模型，然后使其中的组件成为工作部件，并在其中设计几何模型，即在上下文中进行设计，边设计边装配，具体装配建模方法如下：

打开一个文件执行该装配方法，首先打开的是一个含有组件或装配件的文件，或先在该文件中建立一个或多个组件。

当单击"装配"工具栏的"新建组件"按钮时，将打开"新建组件"对话框，如图4-49所示。此时如果单击"选择对象"按钮，可选取图形对象为新建组件。但由于该装配方法只创建一个空的组件文件，因此该处不需要选择几何对象。展开该对话框的"设置"面板，该面板中包含多个列表框以及文本框和复选框，其含义和设置方法如下：

1）组件名：用于指定组件名称，默认为组件的存盘文件名。如果新建多个组件，可修改组件名，便于区分其他组件。

2）引用集：在该列表框中可指定当前引用集的类型，如果在此之前已经创建了多个引用集，则该列表框中将包括模型、仅整个部件和其他。如果选择"其他"列表框，可指定引用集的名称。

图4-49 "新建组件"对话框

3）图层选项：用于设置产生的组件加到装配部件中的哪一层。选择"工作"项表示新组件加到装配组件的工作层，选择"原始的"项表示新组件保持原来的层位置，选择"按指定的"项表示将新组件加到装配组件的指定层。

4）组件原点：用于指定组件原点采用的坐标系。如果选择WCS选项，设置组件原点为工作坐标；如果选择"绝对"选项，将设置组件原点为绝对坐标。

5）删除源对象：选中该复选框，则在装配中删除所选的对象。

设置新组件的相关信息后，单击该对话框中的"确定"按钮，即可在装配中产生了一个含所选部件的新组件，并把几何模型加入新组件中。然后将该组件设置为工作部件，并在组件环境添加并定位已有部件，这样在修改该组件时，可任意修改组件中添加部件的数量和分布方式。

（2）装配方法二　这种装配方法是指在装配件中建立几何模型，然后再建立组件，即建立装配关系，并将几何模型添加到组件中。与上一种装配方法不同之处在于：该装配方法打开一个不包含任何部件和组件的新文件，并且使用链接器将对象链接到当前装配环境中，其设置方法如下：

1）打开文件并新建组件。打开一个文件，该文件可以是一个不含任何几何体和组件的新文件，也可以是一个含有几何体或装配部件的文件，然后按照上述创建新组件的方法创建一个新的组件。新组件产生后，由于其不含任何几何对象，因此装配图形没有什么变化。完成上述步骤以后，"类选择器"对话框重新出现，再次提示选择对象到新组件中，此时可选择取消对话框。

2）建立并编辑新组件几何对象。新组件产生后，可在其中建立几何对象。首先必须改变工作部件到新组件中，然后执行建模操作，最常用的有以下两种建立对象的方法：

① 建立几何对象。如果不要求组件间的尺寸相互关联，则改变工作部件到新组件，直接在新组件中用建模的方法建立和编辑几何对象。指定组件后，单击"装配"工具栏中的"设为工作部件"按钮，即可将该组件转换为工作部件，然后新建组件或添加现有组件，并将其定位到指定位置。

② 约束几何对象。如果要求新组件与装配中其他组件有几何连接性，则应在组件间建立链接关系。UGWAVE是一种基于装配建模的相关性参数化设计技术，允许在不同部件之间建立参数之间的相关关系，即所谓的"部件间关联"关系，实现部件之间几何对象的相关复制。

在组件间建立链接关系的方法是：保持显示组件不变，按照上述设置组件的方法改变工作组件到新组件，然后单击"装配"工具栏中的"WAVE几何链接器"按钮，打开图4-50所示的对话框。该对话框用于链接其他组件中的点、线、面和体等到当前的工作组中。在"类型"列表框中包含链接几何对象的多个类型，选择不同的类型对应的面板各不相同，以下简要介绍这些类型的含义和操作方法：

图4-50　"WAVE几何链接器"对话框

③ 复合曲线。用于建立链接曲线。选择该选项，从其他组件上选择线或边缘，单击"应用"按钮，则所选线或边缘链接到工作部件中。

④ 点。用于建立链接点。选择该选项，在其他组件上选取一点后，单击"应用"按钮，则所选点或由所选点连成的线链接到工作部件中。

⑤ 基准。用于建立链接基准平面或基准轴。选择该选项，对话框中将显示基准的选择类型，按照一定的基准选取方式从其他组件上选择基准面或基准轴后，单击"应用"按钮，则所选择基准面或基准轴链接到工作部件中。

⑥ 草图。该图标用于建立链接草图。选择该选项，对话框中将显示面的选取类型，此时按照一定的面选取方式从其他组件上选取一个或多个实体表面后，单击"应用"按钮，则所选择草图链接到工作部件中。

⑦ 面。用于建立链接面。选择该选项，选取一个或多个实体表面后，单击"应用"按钮，则所选表面链接到工作部件中，如图 4-51 所示。

为检验 WAVE 几何链接效果，可查看链接信息，并根据需要编辑链接信息。执行面链接操作后，单击"部件间链接浏览器"按钮，打开图 4-52 所示的对话框，在该对话框中可浏览、编辑和断开所有已链接信息。

图 4-51 创建面链接方式

图 4-52 "部件间链接浏览器"对话框

⑧ 面区域。用于建立链接区域。单击该按钮，并单击"选择种子面"按钮，从其他组件上选取种子面，然后单击"选择边界面"按钮，指定各边界面。最后单击"应用"按钮，则由指定边界包围的区域链接到工作部件中。

⑨ 体。用于建立链接实体。单击该按钮，从其他组件上选取实体后，单击"应用"按钮，则所选实体链接到工作部件中。

⑩ 镜像体。用于建立链接镜像实体。单击该按钮，并单击"选择体"按钮，从其他组件上选取实体，单击"选择镜像平面"按钮，指定镜像平面，单击"应用"按钮，则所选实体以所选平面镜像到工作部件，如图 4-53 所示。

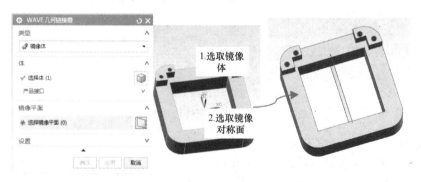

图 4-53 创建镜像体

⑪ 管线布置对象。用于对布线对象建立链接。单击该按钮，单击"选择管线布置对象"按钮，从其他组件上选取布线对象，单击"应用"按钮确认操作。

第五章　工程图的绘制

UG 的工程图主要是为了满足零件加工和制造出图的需要。在 UG 中利用建模模块创建的三维实体模型，都可以利用工程图模块投影生成二维工程图，并且所生成的工程图与该实体模型是完全关联的。当实体模型改变时，工程图尺寸会同步自动更新，减少因三维模型的改变而引起的二维工程图更新所需的时间，从根本上避免了传统二维工程图设计尺寸之间的矛盾、丢线漏线等常见错误，保证了二维工程图的正确性。

本章介绍的主要内容包括工程图的管理、添加视图、编辑视图、标注尺寸、几何公差和表面粗糙度及输入文本和输入工程图等功能。

学习目标：

- 了解工程图的管理以及视图的管理功能。
- 熟练掌握工程图的编辑功能。
- 掌握工程图的标注和基本参数的设置。
- 了解工程图中对象插入功能，了解工程图的其他功能

第一节　工程图的管理

生成各种投影视图是创建工程图最核心的问题。而在 UG 中，任何一个利用实体建模创建的三维模型，都可以用不同的投影方法、不同的图样尺寸和不同的比例建立多张二维工程图。所创建的工程图都是由工程图管理功能来完成的。UG 的工程图模块提供了各种视图的管理功能，如添加视图、删除视图、对齐视图和编辑视图等。利用这些功能，可以方便地管理工程图中所包含的各类视图，并可修改各视图之间的缩放比例和角度等参数。

一、新建图纸页

在功能区的"主页"选项卡中单击"新建图纸页"按钮，打开图 5-1 所示的"图纸页"对话框。"大小"选项组中提供了"使用模板""标准尺寸"和"定制尺寸"单选按钮，其功能如下：

（1）使用模板　当单击"使用模板"按钮时，从对话框出现的列表中选择 UG 提供的一种制图模板，如"A0-无视图"等。当选择某视图模板时，可以在"预览"选项组中预览

该制图模板的大致样式，如图5-1所示。

（2）**标准尺寸** 当单击"标准尺寸"时，可以从"大小"下拉列表框中选择一种标准尺寸样式，如"A0-841×1189"等，如图5-2所示；可以从"比例"下拉列表框中选择一种绘图比例，或者选择"定制比例"选项来设置所需的自定义比例；在"名称"选项组中，"图纸中的图纸页"文本框中显示所有相关的图纸名称，"图纸页名称"文本框用来输入新建图纸的名称，用户直接在文本框中输入图纸名称即可，如果用户不输入图纸名称，系统将自动为新建的图纸指定一个名称；在"设置"选项组中，可以设置"单位"为"毫米"或"英寸"，以及设置"投影"方式，投影方式包括"第一角投影"和"第三角投影"，其中"第一角投影"符合我国制图标准。

（3）**定制尺寸** 当单击"定制尺寸"按钮时，由用户设置图纸高度、长度、比例和图纸名称、单位和投影方式等，如图5-3所示。

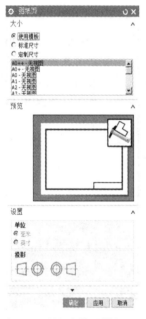

图5-1 图纸页-使用模板设置

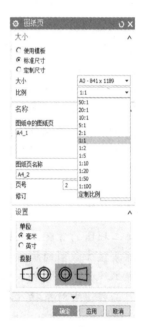

图5-2 图纸页-标准尺寸设置

二、编辑图纸页

在创建工程图过程中，若发现原来设置的工程图参数不符合要求，如图纸的规格、比例不符合设计要求等，在工程图环境中都可以对其有关参数进行相应的修改和编辑，如图5-4所示。

在图纸导航器中选择要进行编辑的图纸，单击鼠标右键，在打开的快捷菜单中选择"编辑图纸页"选项，或在"制图编辑"工具栏中单击"编辑图纸页"按钮，在打开的"片体"对话框中进行修改设置，对图纸的名称、尺寸的大小、比例以及单位等进行编辑和修改。

三、打开和删除图纸页

对于同一个实体模型，若采用不同的投影方法、不同的图样幅面尺寸和比例建立了多张二维工程图，当要编辑其中一张或多张工程图时，必须将其工程图先打开。

第五章 工程图的绘制

图 5-3 图纸页-定制尺寸设置

图 5-4 编辑图纸页

在图纸导航器中，选择要打开的图纸并单击鼠标右键，在打开的快捷菜单中选择"打开"选项，即可打开所需的图纸。

若要删除工程图纸，在导航器中查找要删除的图纸页，右击该图纸页，系统弹出快捷菜单，单击快捷菜单中的"删除"命令即可。

四、工程图首选项设置

在工程图环境中，为了更准确有效地创建工程图，还可以根据需要进行相关的基本参数预设置，如线宽、隐藏线的显示、视图边界线的显示和颜色的设置等。

在工程图环境中，选择"首选项"→"制图"选项，打开"制图首选项"对话框，如图 5-5 所示。

该对话框中共包括四个选项卡，其中在"常规"选项卡中可以进行图纸的版次、图纸工作流以及图纸设置；在"预览"选项卡中，可以设计视图样式和注释样式；在"注释"选项卡中，可以设置模型改变时是否删除相关的注释，可以删除模型改变保留下来的

图 5-5 "制图首选项"对话框

95

相关对象。其中"视图"是最常用的选项卡,其主要选项的功能及含义如下:

更新:选中"延迟视图更新"复选框,当模型修改时,直至选择"视图"下拉列表的"刷新"选项后,工程图才会更新。选中"创建时延迟更新"复选框,当在工程图中创建视图时,直至选择"刷新"选项后才会更新。

边界:利用该选项组中的"显示边界"和"边界颜色"选项,可以控制是否显示视图边界和设置视图边界的颜色。

显示已抽取边的面:该选项组用于控制是否可以在工程图中选择视图表面,选中"显示和强调"单选按钮,可以选取实体表面;选中"仅曲线"单选按钮,只能选取曲线。

加载组件:该选项组用于自动加载组件的详细几何信息,该选项组包含"小平面视图上的选择"和"小平面视图上的更新"两个复选框,前者是指当标注尺寸或生成详细视图时,系统自动载入详细几何信息;后者是指当执行更新操作时载入几何信息。

视觉:该选项组中包含三个复选框,其中"透明度"复选框用于控制图形的透明度显示,"直线反锯齿"复选框可以改善图中曲线的光滑程度。

第二节 工程视图的创建

用户新建一个图纸页后,最关心的是如何在图纸页上生成各种类型的视图。视图操作包括生成基本视图、标准视图、投影视图、局部放大图、剖视图和断开视图等。

一、基本视图

基本视图是基于模型的视图,它可以是仰视图、俯视图、前视图、后视图、左视图、右视图、正等测图和正三轴测图等。

在功能区"主页"选项卡的"视图"组中单击"基本视图"按钮,打开图5-6所示的"基本视图"对话框。

1. 指定要创建基本视图的部件

"部件"选项组用于选择要添加基本视图的部件。系统默认加载的当前工作部件作为创建基本视图的部件。如果用户想要更改创建基本视图的部件,则可以在部件选项组中,从"已加载的部件"列表或"最近访问的部件"列表中选择需要的部件,还可以单击"打开"按钮,从"部件名"对话框中选择,如图5-7所示。

2. "放置"选项组

打开"方法"下拉列表框,提供以下选项,如图5-8所示。

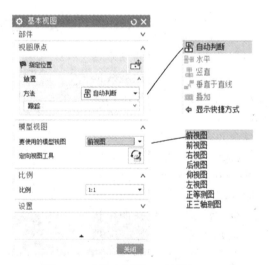

图5-6 "基本视图"对话框(一)

(1) 自动判断 基于所选静止视图的矩阵方向对齐视图。

(2) 水平 将选定的视图相互间水平对齐。视图的对齐方式取决于选择的对齐选项(模型点、视图中心或点到点)以及选择的视图点。

图 5-7 "基本视图"对话框（二）　　　　图 5-8 "放置"对话框

（3）**竖直**　将选定的视图相互间竖直对齐。视图的对齐方式取决于选择的对齐选项（模型点、视图中心或点到点）以及选择的视图点。

（4）**垂直于直线**　将选定的视图与指定的参考线垂直对齐。

（5）**叠加**　在水平和竖直两个方向对齐视图，以使它们相互重叠。

（6）**"跟踪"**　选中"光标跟踪"复选框将打开偏置、X 和 Y 跟踪。偏置文本框设置视图中心之间的距离。XC 和 YC 设置视图中心和 WCS 原点之间的距离。如果没有指定任何值，则偏置与坐标框会在移动光标时跟踪视图。

3. 定向视图

在"基本视图"对话框中展开"模型视图"选项组，从"要使用的模型视图"下拉列表框中选择相应的视图选项，即可产生对应的基本视图。

用户可以在"模型视图"选项组中单击"定向视图工具"按钮，打开图 5-9 所示的"定向视图工具"对话框，利用该对话框可以定义视图法向、X 向等来定向视图。在定向过程中可以在图 5-9 所示的"定向视图"窗口选择参照对象及调整视角等。在"定向视图工具"对话框中执行某个操作后，视图的操作效果立即动态地显示在"定向视图"窗口中，以方便用户观察视图方向，调整视图方位。完成定向视图操作后，单击"确定"按钮。

4. 设置比例

在"比例"选项组的下拉列表框中可以选择所需的比例值，如图 5-10 所示，也可以选择"比率"或"表达式"来定义制图比例。

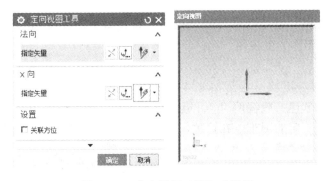

图 5-9 "定向视图工具"对话框　　　　图 5-10 设置比例

5. 指定视图样式

通常情况下，使用系统默认的视图样式即可。但是如果默认的视图样式不能满足用户需求，则可以设置所需的视图样式。在"基本视图"对话框的"设置"选项组中单击"设置"按钮，打开图 5-11 所示的对话框，在其左侧寻找所需的设置类别，在右侧设置有关的选项和参数即可。

二、投影视图

投影视图可以生成各种方位的部件视图。该命令一般在用户生成基本视图后使用并以基本视图为基础，按照一定的方向投影生成各种方位的视图。

在功能区"主页"选项卡的"视图"组中单击"投影视图"按钮，打开图 5-12 所示的"投影视图"对话框。

图 5-11 指定视图样式

图 5-12 "投影视图"对话框

此时可以接受 UG 默认指定的父视图，也可以单击"父视图"选项组中的"视图"按钮，从图纸页面上选择其他一个视图作为父视图。

三、剖视图

当特征模型内部结构比较复杂时，创建一般视图时会出现较多的虚线，使图纸的表达不清晰，且通常会给读图和标注尺寸带来一定的困难。在这种情况下，可以创建剖视图，以更清晰、更准确地表达特征模型内部的详细结构。

用户在功能区"主页"选项卡的"视图"组中单击"剖视图"按钮，打开图 5-13 所示的"剖视图"对话框。

在"截面线"选项组的"定义"下拉列表框中选择"动态"选项或"选择现有的"选项。其中,"动态"选项允许指定动态截面线,此时,可以从"方法"下拉列表框中选择"简单剖/阶梯剖""半剖""旋转"或"点到点"选项,来创建相应的剖视图;而"选择现有的"选项允许选择现有独立截面线来快速创建相应剖视图。

简单剖/阶梯剖视图是常用的一类投影剖视图,可以从任何父图纸视图创建所需的投影剖视图。从"剖视图"对话框可以看出,选择"简单剖/阶梯剖"方法时,需要分别利用"铰链线""截面线段""父视图""视图原点"和"设置"选项组等进行相关操作。

简单剖即为全剖视图。阶梯剖就是用两个或多个相互平行的剖切平面把机件剖开,

图 5-13 "剖视图"对话框

阶梯剖适合表达机件结构的中心线排列在两个或多个相互平行的平面内的情况。

在确认生成剖视图之前可以对截面线进行设置,即可以事先根据需要修改默认的截面线样式,在"剖视图"对话框的"设置"选项组中单击"设置"按钮,弹出"设置"对话框,从中指定视图标签的格式,设置截面线的相关样式,如图 5-14 所示。

图 5-14 设置截面线

当机件具有对称平面时,在垂直于对称平面的投影上,以对称中心为界,一半画成剖视图,另一半画成常规视图,这样组成的图形称为半剖视图。

四、局部放大图

有时为了更清晰地观察一些小孔或者其他特征,需要生成该特征的局部放大图。在

"视图"工具条中单击"局部放大图"按钮，打开图 5-15 所示的"局部放大图"对话框。

当用户打开"局部放大图"对话框后，系统提示用户"选择对象以自动判断点"。系统默认边界形状为圆形边界，用户还可以选择其他边界，如矩形边界。如果用户设置的边界类型为圆形边界，则用户需要定义圆形局部放大图的边界点；如果用户设置的边界类型为矩形边界，则用户需要定义局部放大图的拐角点。当用户指定局部放大图的大小后，用户需要指定局部放大图的中心位置。在图纸页中选择一点作为局部放大图的中心位置即可，局部放大图就生成在用户指定的位置。

五、断开视图

创建"断开视图"是将一个视图分解成多个边界并进行压缩，从而隐藏不想看到的部分，以此来减小该视图的大小。

在功能区"主页"选项卡的"视图"组中单击"断开视图"按钮，打开图 5-16 所示的对话框。

图 5-15 "局部放大图"对话框

图 5-16 创建"断开视图"

"主模型视图"选项组用于选择主模型视图，断开视图的类型分为"常规"断开视图和"单侧"断开视图两种。当选择"常规"选项时，需要指定方向、断裂线 1 和断裂线 2；当选择"单侧"选项时，需要指定方向和一条断裂线。在"设置"选项组中，可以设置"样式""幅值""颜色"和"宽度"等。

六、标准视图

在上边框条中单击"菜单"按钮,选择"插入"→"视图"→"标准"命令,打开图5-17所示的"标准视图"对话框,从"类型"选项组的"类型"下拉列表框中可选择"图纸视图"或"基本视图"选项。当选择"图纸视图"选项时,需要分别指定"布局""放置""中心坐标"和"比例"等,如图5-17所示,当选择"基本视图"选项时,需要选择所需部件,定义"布局""放置"和"比例"等。

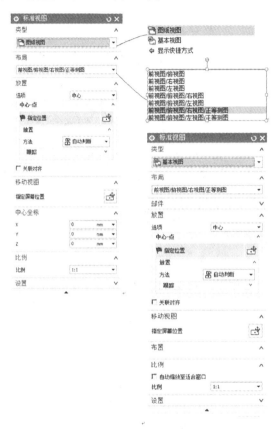

图 5-17 "标准视图"对话框

第三节 工程视图的编辑

在向工程图添加视图的过程中,如果发现原来设置的工程图参数不合要求(如图幅、比例不适当),可以对已有的工程图有关参数进行修改。可按前面介绍的建立工程图的方法,在对话框中修改已有工程图的名称、尺寸、比例和单位等参数。完成修改后,系统会以更改后的参数来显示工程图,其中投影角度参数只能在没有产生投影视图的情况下被修改。

一、移动/复制视图

在 UG 中,工程图中任何视图的位置都是可以改变的,其中移动和复制视图操作都可以改变视图在图形窗口中的位置。两者的不同之处是:前者是将原视图直接移动到指定的位置,后者是在原视图的基础上新建一个副本,并将该副本移动到指定的位置。

要移动和复制视图,在"图纸"工具栏中单击"移动/复制视图"按钮,打开"移动/复制视图"对话框,如图5-18所示。

1. 主要选项的功能及含义

1)视图列表框。视图列表框列出了当前图纸上的视图名标识,用户可以从中选定要操作的视图,也可以在图纸页上选择要操作的视图。

2)按钮图标。"至一点"按钮：选择该按钮选项,则在图纸页(工程图纸)上指定了要移动或复制的视图后,通过指定一点的方式将该视图移动或复制到某指定点。

"水平"按钮：选择该按钮选项,则沿水平方向来移动或复制选定的视图。

"竖直"按钮：选择该按钮选项,则沿竖直方向来移动或放置选定的视图。

图 5-18 "移动/复制视图"对话框

"垂直于直线"按钮：选择该按钮选项,则需选定参考线,然后沿垂直于该参考线的方向移动或复制所选定的视图。

"至另一图纸"按钮：当创建有多个图纸页时,该按钮可用。

3)复制视图：该复选框用于设置视图的操作方式是复制还是移动。

4)视图名：该文本框用于编辑选定视图的名称。

5)距离：该复选框用于指定移动或复制的距离。

6)取消选择视图：单击该按钮,则取消用户先前选择的视图。

2. 移动/复制视图的方法

(1) **选择视图** 在图纸页中或者在"移动/复制视图"对话框的视图列表框中选择要移动视图即可。

(2) **是否复制** 如果用户需要复制选择的视图,那么可以选中"移动/复制视图"对话框中的"复制视图"复选框。

(3) **设置移动方式** 在移动方式选项中单击其中的一个按钮即可设置视图的移动方式。

(4) **指定移动距离** 用户选择视图后,可以通过移动鼠标到合适的位置,来指定视图的移动距离,也可以选中"移动/复制视图"对话框中的"距离"复选框,然后在"距离"文本框中输入视图的移动距离即可。当用户的移动方法为垂直于直线时,"移动/复制视图"对话框中的"自动判断的矢量"下拉列表框被激活,用户可以利用"自动判断的矢量"下拉列表框来构造矢量。

二、对齐视图

在UG中,对齐视图是指选择一个视图作为参照,使其他视图以参照视图进行水平或竖直方向对齐。在"图纸"工具栏中单击"视图对齐"按钮,打开"视图对齐"对话框,如图5-19所示。

选中"选择视图"按钮,选择要操作的一个视图。接着在"对齐"选项组"放置"子选项组的"方法"下拉列表框中选择一种放置方法选项（可供选择的收置方法选项有"自动判断""水平""竖直""垂直于直线"和"叠加"等），并根据所选的放置方法选定相应的对齐放置参照或选择视图等来完成对齐视图的操作。

三、视图的显示与更新

在创建工程图的过程中，当需要工程图和实体模型之间切换，或者需要去掉不必要的显示部分时，可以应用视图的显示和更新操作。所有的视图被更新后将不会有高亮的视图边界。反之，未更新的视图会有高亮的视图边界。需要注意的是手工定义的边界只能用手工方式更新。

1. 视图的显示

在"视图"工具栏中单击"显示图纸页"按钮，系统将自动在建模环境和工程图环境之间进行切换，以方便实体模型和工程图之间的对比观察等操作。

2. 视图的更新

在"视图"工具栏中单击"更新视图"按钮，打开"更新视图"对话框，如图5-20所示。

图 5-19　视图对齐对话框

图 5-20　"更新视图"对话框

该对话框中各选项的含义及功能如下：

1）选择视图。单击该按钮，可以在图纸中选取要更新的视图。选择视图的方式有多种，可在视图列表框中选择，也可在绘图区中用鼠标直接选取视图。

2）显示图纸中的所有视图。该复选框用于控制视图列表框中所列出的视图种类。当选中该复选框时，列表框中将列出所有的视图。若未选该复选框，将不显示过时视图，需要手动选择需要更新的过时视图。

3）选择所有过时视图。该按钮用于选择工程图中所有过时的视图。

4）选择所有过时自动更新视图。该按钮用于自动选择工程图中所有过时的视图。

第四节　工程图的标注

工程图的标注是反映零件尺寸和公差信息最重要的方式，利用标注功能，可以向工程图中添加尺寸、几何公差、制图符号和文本注释等内容。在本节中将介绍如何在工程图中使用标注功能。

一、尺寸标注

尺寸标注用于标识对象尺寸的大小。由于 UG 工程图模块和三维实体造型模块是完全关联的，因此，在工程图中进行标注尺寸就是直接引用三维模型真实的尺寸，具有实际的含义，因此无法像二维软件中的尺寸可以进行改动，如果要改动零件中的某个尺寸参数，需要在三维实体中修改。如果三维被模型修改，工程图中的相应尺寸会自动更新，从而保证了工程图与模型的一致性。

选择"插入"→"尺寸"子菜单下的相应选项，或在"尺寸"工具栏中单击相应的按钮，系统将弹出各自的"尺寸标注"对话框，都可以对工程图进行尺寸标注，其"尺寸"工具栏如图 5-21 所示。

工具栏中共包含了 19 种尺寸类型。该工具栏用于选取尺寸标注的标注样式和标注符号。在标注尺寸前，先要选择尺寸的类型。当标注尺寸时，根据所要标注的尺寸类型，先在"尺寸"工具栏中选择对应的图标，接着用点和线位置选项设置选择对象的类型，再选择尺寸放置方式和箭头、延长的显示类型，如果需要附加文本，则还要设置附加文本的放置方式和输入文本内容，如果需要标注公差，则要

图 5-21 "尺寸"工具栏

选择公差类型和输入上下偏差。完成这些设置以后，将鼠标移到视图中，选择要标注的对象，并拖动标注尺寸到理想的位置，则系统即在指定位置创建一个尺寸的标注。

二、文本标注/编辑

文本标注/编辑用于工程图中零件基本尺寸的表达，各种技术要求的有关说明，以及用于表达特殊结构尺寸，定位部分的制图符号和几何公差等。

1. 标注文本

标注文本主要是对图纸上的相关内容做进一步说明，如零件的加工技术要求、标题栏中的有关文本注释以及技术要求等。在"注释"工具栏中单击"注释"按钮，打开"注释"对话框，如图 5-22 所示。

在标注文本注释时，要根据标注内容，首先对文本注释的参数选项进行设置，如文本的字形、颜色、字体的大小、粗体或斜体的方式、文本角度、文本行距和是否垂直放置文本，然后在文本输入区输入文本的内容。此时，若输入的内容不符合要求，可在编辑文本区对输入的内容进行修改。

输入文本注释后，在注释编辑器对话框下部选择一种定位文本的方式，按该定位方法，将文本定位到视图中即可。

2. 编辑文本

编辑文本是对已经存在的文本进行编辑和修改，通过编辑文本使文本符合注释的要求。其上述介绍的"注释"对话框中的"文本编辑"区只能对已存在的文本做简单的文本编辑。

图 5-22 文本注释标注

当需要对文本做更为详细的编辑时，可在"制图编辑"工具栏中单击"编辑文本"按钮，打开"文本"对话框，如图 5-23 所示。此时，若单击该对话框中的"编辑文本"按钮，将打开图 5-24 所示的"文本编辑器"对话框。

"文本编辑器"对话框的"文本编辑"选项组中的各工具用于文本类型的选择、文本高度的编辑等操作。"编辑文本框"是一个标准的多行文本输入区，使用标准的系统位图字体，用于输入文本和系统规定的控制字符。"文本符号"选项卡中包含了五种类型的选项卡，用于编辑文本符号。

图 5-23 "文本"对话框

图 5-24 "文本编辑器"对话框

三、表面粗糙度的标注

在功能区"主页"选项卡的"注释"组中单击"表面粗糙度符号"按钮，打开图 5-25 所示的"表面粗糙度"对话框。

用户可以根据设计要求，在"属性"选项组的"除料"下拉列表框中选择所需的一种子符号选项，此时需要分别设置多个参数。

四、几何公差的标注

几何公差是将几何、尺寸和公差符号组合在一起形成的组合符号，它用于表示标注对象与参考基准之间的位置和形状关系。几何公差一般在创建单个零件或装配体等实体的工程图时，一般都需要对基准、加工表面进行有关基准或几何公差的标注。

在"文本编辑器"对话框中选择"形位公差符号"选项卡，如图 5-26 所示。当要在视图中标注几何公差时，首先要在"形位公差符号"选项卡中选择公差框架格式，然后选择几何公差符号，并输入公差值和选择公差的标准。如果标注的是位置公差，还应选择隔离线和基准符号。设置后的公差框会在预览窗口中显示出来，若不符合要求，可在编辑窗口中进行修改。

五、表格注释

用户可在"表"组中单击"表格注释"按钮，系统弹出图 5-27 所示的"表格注释"对话框。如果在"设置"选项组中单击"设置"按钮，打开图 5-27 所示的"设置"对话框，从中定义文字、单元格、截面和表格注释等方面的内容，设置好表的大小式样后，在图纸上指定原点，以生成表格。

可以使用鼠标来快速调整表格行和列的大小。双击选定的单元格，出现一个文本框，在该文本框中输入注释文本，确认后即可在该单元格中完成注释文本输入。要编辑表格注释文本，可以先选择要编辑的表格注释文本，接着在功能区"主页"选项卡的"表"组中单击"更多""编辑文本"按钮，系统弹出图 5-28 所示的"文本"对话框，从中进行相关的编辑操作。

图 5-25 "表面粗糙度"对话框　　　　　图 5-26 "几何公差符号"选项卡

如果要合并单元格，可以先在表格注释中选择一个单元格，按住鼠标左键不放并移动，移动范围包括用户要合并的单元格，依次选择要合并的单元格后，单击鼠标右键并从弹出的快捷菜单中选择"合并单元格"命令，从而完成指定单元格的合并。取消合并单元格的操作也类似。

图 5-27 表格注释　　　　　　　　　　图 5-28 "文本"对话框

第六章 汽车零件设计综合实例

本章通过实例,学习利用典型 CAD 二维及三维软件进行零部件的二维图样绘制及三维实体建模技术,在此基础上学习利用三维实体建模软件生成零部件的工程图样功能。

 学习目标

➤ 掌握零件图的创建方法。
➤ 掌握装配图的创建方法。
➤ 掌握实体建模方法。
➤ 掌握工程图样的创建方法。

第一节 零件图的绘制

任何机器和部件都是由零件装配而成的,表达单个零件结构、形状、大小及技术要求的图样,称为零件图。本节主要介绍零件图的内容、绘制零件图的步骤、零件图的视图选择以及零件图的标注等内容。

一、零件图的内容

零件图是制造和检验零件的主要依据,是设计和生产过程中的重要技术资料。从零件的毛坯制造、机械加工工艺路线的制定、毛坯图和工序图的绘制、工具和量具的设计到加工检验等,都要根据零件图来进行。如图 6-1 所示,完整的零件图一般包括以下内容:

1. 一组图形

综合运用视图、剖视图和断面图等各种表达方法,正确、完整、清晰和简便地表达出零件的内外结构形状。

2. 一组尺寸

标注出零件的定形和定位等全部尺寸,用以确定零件各部分结构形状的大小和相对位置。

3. 技术要求

说明零件在制造、检验和安装时应达到的各项技术要求,如表面加工精度、尺寸精度、

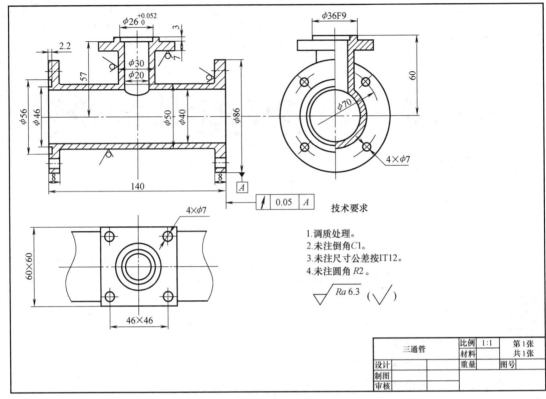

图 6-1 三通管零件图

几何公差及热处理要求等。

4. 标题栏

标题栏一般画在图框的右下角,说明零件的名称、材料、数量、比例、图号、制图者姓名和日期等内容。

二、绘制零件图的步骤

利用 CAD 软件绘制零件图一般有以下步骤:

第一步:样板制作。

在绘制零件图之前,应根据图纸幅面大小和版式不同,分别建立符合机械制图国家标准的若干机械图样模板。模板中包括图纸幅面、图层、使用文字的一般样式和尺寸标注的一般样式等,这样在绘制零件图时,就可以直接调用建立好的模板进行绘图,有利于提高绘图效率。下面以 A3 幅面的模板为例,介绍模板的制作方法:

1) 设置绘图界限。
2) 设置图层。创建新图层,进行图层颜色、线型和线宽的设置。
3) 设置线型比例。
4) 设置文字样式。
5) 设置尺寸标注样式。
6) 绘制图框线和标题栏。
7) 创建图块。

对于经常需要重复绘制的图形或符号,可以用"创建块"(Block)命令创建图块,然后用插入（Insert）命令以任意比例和方向将其插入到所需的位置。常用的有表面粗糙度符号、几何公差基准符号、剖切符号以及标题栏等。通常将其做好图块后保存到样板文件中。

8）模板的保存。选择下拉菜单"文件"→"另存为"命令，打开"图形另存为"对话框，在"文件类型"中选择"AutoCAD图形样板文件（*.dwt）"，在"文件名"文本框中输入模板名称"A3横放"，单击"保存"按钮。

第二步：绘制视图。

第三步：尺寸标注。

第四步：文字注写、填写技术要求及标题栏。

第五步：按要求保存好图形。

三、典型零件图实例——三通管

【例6-1】 通过综合例题的训练，巩固前面所学的知识，绘制图6-1所示三通管零件图。

绘制要求如下：

1）按1:1比例绘制图6-1所示的三通管零件图，并以文件名为"三通管零件.dwg"保存。

2）按表6-1设置图层，作图时各图素按不同用途置于相应图层中。

3）表面粗糙度符号做成外部块。技术要求字号为5，字体为仿宋体，技术要求内容，字高为3，字体为仿宋体。

表6-1　图层设置

层名	颜色	线型	线宽	用途
0	默认设置	默认设置	0.3mm	绘制轮廓线
中心线	红色	center	默认设置	绘制中心线
标注	蓝色	continuous	默认设置	绘制尺寸
剖面线	黄色	continuous	默认设置	绘制细线剖面线
文本	紫色	continuous	默认设置	绘制文本

绘制步骤如下：

1. 新建文件

选择菜单"文件"→"新建"命令，弹出对话框，打开"创建图形"选项卡，单击"使用向导"选项，建立图纸尺寸为420mm×297mm的新图形文件。

2. 保存文件

选择菜单"文件"→"另存为"命令，把新建的图形文件保存为"三通管零件.dwg"，在"位置"下拉列表中选择d:\my documents作为保存文件的位置。

3. 设置图层

选择菜单"格式"→"图层"命令，弹出"图层特性管理器"，按照表6-1设置图层特性。

4. 设置文字样式

选择菜单"格式"→"文字样式"命令，弹出"文字样式"对话框。输入样式名为"技术要求"，"字体"选为"仿宋体"，其余选项不变。

5. 绘制三通管零件图

打开"三通管零件.dwg"文件,选择"对象特性"工具栏中的图层管理下拉列表。设置"中心线"层为当前层,选用"直线"命令绘制图形水平和垂直方向中心线,然后将"0"层设为当前层,开始零件图轮廓线绘制。

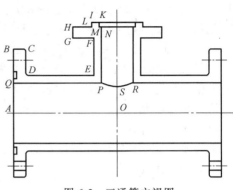

图 6-2 三通管主视图

(1) 绘制三通管主视图 图 6-2 所示为三通管主视图,该图主要对象上下、左右对称。这些轮廓线主要调用"直线""镜像""偏移"和"修剪"等绘图命令。

1) 首先绘制图 6-2 中主要字母,标注部分轮廓(左上角,图四分之一部分)。

命令:line
指定第一点:(选择"最近点"捕捉命令捕捉图 6-2 中的点 A)
指定下一点或[放弃(U)]:@0,43(至点 B)
指定下一点或[放弃(U)]:@8,0(至点 C)
指定下一点或[闭合(C)/放弃(U)]:@0,-18(至点 D)
指定下一点或[闭合(C)/放弃(U)]:@47,0(至点 E)
指定下一点或[闭合(C)/放弃(U)]:@0,25(至点 F)
指定下一点或[闭合(C)/放弃(U)]:@-15,0(至点 G)
指定下一点或[闭合(C)/放弃(U)]:@0,7(至点 H)
指定下一点或[闭合(C)/放弃(U)]:@12,0(至点 L)
指定下一点或[闭合(C)/放弃(U)]:@0,3(至点 I)
指定下一点或[闭合(C)/放弃(U)]:@5,0(至点 K)
指定下一点或[闭合(C)/放弃(U)]:@0,-3.2(至点 M)
指定下一点或[闭合(C)/放弃(U)]:@3,0/(至点 N)
指定下一点或[闭合(C)/放弃(U)]:@0,-36.8(至点 P)
指定下一点或[闭合(C)/放弃(U)]:(选择"垂足"捕捉命令,捕捉到垂点 Q)
指定下一点或[闭合(C)/放弃(U)]:↙
绘制结果如图 6-3a 所示。

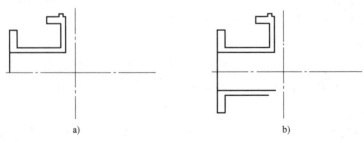

图 6-3 三通管部分主视图

2) 绘制图 6-3b 中下面部分外轮廓。
命令:mirror
选择对象:(选择图 6-3b 中的实体)

选择对象:↙

指定镜像线的第一点:(捕捉图 6-2 中的点 A)

指定镜像线的第二点:(选择"最近点"捕捉命令,在水平中心线上任意捕捉一点)

是否删除源对象?[是(Y)/否(N)]<N>:

镜像结果如图 6-3b 所示。

同样用"镜像"命令,把以上两步绘制的实体(见图 6-3b)以垂直中心线为线镜像到垂直中心线右边,结果如图 6-4 所示,再连接图 6-4 中的线段 AB、CD、EF、GH。

3)绘制图 6-1 所示的左下角小圆 φ7 连接孔和密封圈安装槽及倒圆角。

命令:offset

指定偏移距离或[通过(T)]<1.0000>:4.5

选择要偏移的对象<退出>:(选择图 6-4 中的线段 ab)

指定点以确定偏移所在一侧:(单击 ab 上方任意一点)

选择要偏移的对象或<退出>:↙

命令:offset

指定偏移距离或[通过(T)]<4.5000>:11.5

选择要偏移的对象<退出>:(选择图 6-4 中的线段 ab)

指定点以确定偏移所在一侧:(单击 ab 上方任意一点)

选择要偏移的对象或<退出>:↙

命令:offset

指定偏移距离或[通过(T)]<10.5000>:8

选择要偏移的对象<退出>:(选择图 6-4 中的线段 ab)

指定点以确定偏移所在一侧:(单击 ab 上方任意一点,生成小圆 φ7 的中心线)

选择要偏移的对象或<退出>:↙

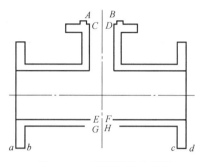

图 6-4 三通管部分主视图

4)使用"修剪"命令剪切多余线段,使用"拉伸"命令拉伸刚绘制的中心线,重复"偏移"命令绘制密封圈安装槽,将连接孔中心线从"0"层换到中心线层,再使用"镜像"命令镜像复制图 6-1 所示的另一个 φ7 连接孔和密封圈安装槽。

5)对主视图(见图 6-2)进行倒圆角。

命令:fillet

当前模式:模式=修剪,半径=10.0000

选择第一个对象或[多段线(P)/半径(R)/修剪(T)]:R

指定圆角半径<10.0000>:2

选择第一个对象或[多段线(P)/半径(R)/修剪(T)]:(选择图 6-4 中的线段 ab)

选择第二个对象或:(选择与线段 ab 相交此角的另一条边)

重复上述操作步骤,绘制其余圆角,结果如图 6-5 所示。

(2)绘制三通管俯视图(图 6-1)

1)绘制大圆。

命令:circle

指定圆的圆心或[三点(3P)/两点(2P)/相切、相切、半径(T)]:(捕捉图 6-6 所示的中心

线交点)

指定圆的半径或[直径(D)]:15

重复上述操作,绘制图6-6所示的两个同心圆 φ20 和 φ26。

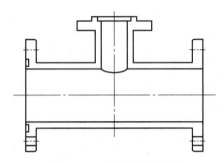

图6-5 三通管部分主视图

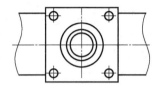

图6-6 三通管俯视图

2) 绘制图6-1所示的四个小圆 φ7 中的左上角小圆以及它的中心线。

命令:offset

指定偏移距离或[通过(T)]<1.0000>:23

选择要偏移的对象或<退出>:(选择图6-6的水平中心线)

指定点以确定偏移所在一侧:(在选择的水平中心线上方指定一点)

选择要偏移的对象或<退出>:(选择图6-6的垂直中心线)

指定点以确定偏移所在一侧:(在选择的垂直中心线左方指定一点)

命令:circle

指定圆的圆心或[三点(3P)/两点(2P)/相切、相切、半径(T)]:(捕捉左上角两条中心线交点)

指定圆的半径或[直径(D)]<10.0000>:d

指定圆的直径<20.0000>:7

命令:lengthen

选择对象或[增量(DE)/百分数(P)/全部(T)/动态(DY)]:dy

选择要修改的对象或[放弃(U)]:(选择圆 φ7 中水平中心线的一端)

指定新端点:(拉长中心线到合适长度)

选择要修改的对象或[放弃(U)]:(选择圆 φ7 中水平中心线的另一端)

指定新端点:(拉长中心线到合适长度)

重复上述操作,将垂直中心线调整到合适的长度。

3) 用矩形阵列画出其他三个圆 φ7 及其中心线。选择菜单框"修改"→"阵列"命令,弹出"阵列"对话框,选中"矩形阵列"单选按钮,进入"矩形阵列"选项卡,其中行为2,列为2,行偏移为-46,列偏移为46,阵列角度为0。设置好后单击"选择对象"按钮,对话框消失。回到绘图界面,用窗口选择方式选中圆 φ7 及其中心线,按<Enter>键结束选择后,对话框重新出现,单击"确定"按钮,结果如图6-7所示。

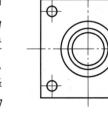

图6-7 三通管部分俯视图(一)

4) 绘制管子,如图6-8所示。

命令：offset

指定偏移距离或[通过(T)]<1.0000>：25

选择要偏移的对象<退出>：(选择图6-7的水平中心线)

指定点以确定偏移所在一侧：(在选择的水平中心线上方指定一点)

选择要偏移的对象或<退出>：(选择图6-7的水平中心线)

指定点以确定偏移所在一侧：(在选择的水平中心线下方指定一点)

选择要偏移的对象或<退出>：✓

选中上述偏移线段，在"对象特性"工具栏中的图层管理下拉列表中选择"0"层，将偏移线段从中心线层换到0层，绘制结果如图6-8所示。

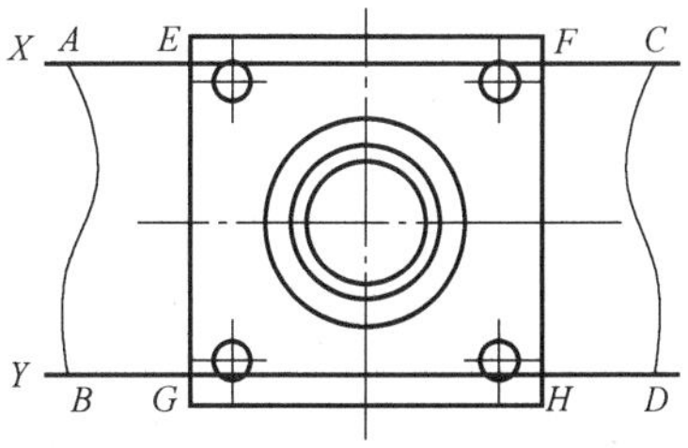

图6-8 三通管部分俯视图（二）

指定第一个点或[对象(O)]：(捕捉图6-8中的点 A)

指定下一点：(在水平中心线上方选择一点)

指定下一点或[闭合(C)/拟合公差(F)]<起点切向>：(在水平中心线下方选择一点)

指定下一点或[闭合(C)/拟合公差(F)]<起点切向>：(捕捉图6-8中的点 B)

指定下一点或[闭合(C)/拟合公差(F)]<起点切向>：✓

指定起点切向：✓

指定起点切向：✓

按如上步骤操作，绘制图6-8所示的线段 CD，把多余的直线修剪掉。

命令：trim

当前设置：投影＝UCS，边＝无

选择剪切边……

选择对象：(连续选择图6-8中的直线 EG、FH、AB、CD 及四个小圆 $\phi 7$ 后按<Enter>键)

选择对象：✓

选择要剪切的对象,按住<Shift>键选择要延伸的对象,或[投影(P)/边(E)/放弃(U)]：(按图6-6所示，连续选择需要删除的线段，按<Enter>键结束选择)

(3) 绘制三通管左视图

三通管左视图如图6-9所示，把"0"层置为当前层。

1）绘制图6-9所示的大圆。

命令：circle

circle 指定圆的圆心或[三点(3P)/两点(2P)/相切、相切、半径(T)]：(捕捉图6-10中心线交点)

重复上述操作步骤，绘制五个同心圆 $\phi 40$、$\phi 46$、$\phi 50$、$\phi 56$、$\phi 86$，绘制结果如图6-10所示。

2）绘制连接法兰。

把主视图（图6-2）的上法兰复制到按图6-10所绘制的图上。

命令：copy

选择对象：(选择图6-2中的线段 EF、GH、GF、HL、LI 及上管右边轮廓线对象)

选择对象：✓

指定基点或位移，或者[重复(M)]：(捕捉图6-2的中心线交点 O)

指定位移的第二点或<用第一点作位移>：(捕捉图6-10的中心线交点)

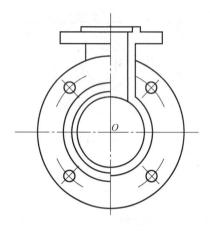 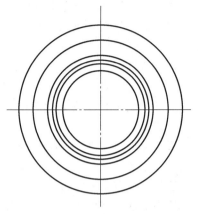

图 6-9　三通管左视图　　　　　图 6-10　三通管部分左视图（一）

绘制结果如图 6-11 所示。

3）修剪多余的直线及圆弧。

选择"修剪"命令，参照前面的操作步骤，剪切多余的直线及圆弧，绘制结果如图6-12所示。

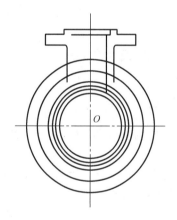 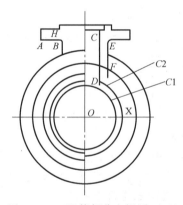

图 6-11　三通管部分左视图（二）　　　图 6-12　三通管部分左视图（三）

4）按照图 6-9 所示完成绘制。

选择菜单栏"修改"→"延伸"命令，把 AB 延伸至垂直中心线，CD 延伸至圆 $C1$，EF 延伸至 $C2$。

命令：extend

当前设置：投影=UCS,边=无

选择边界的边。

选择对象：（选择图 6-12 中的垂直中心线）

选择对象：（选择图 6-12 中的圆 $C1$、$C2$）

选择对象：↙

选择要延伸的对象,按住<Shift>键选择要剪切的对象,或[投影(P)/边(E)/放弃(U)]：（选择图 6-12 中的直线 AB）

选择要延伸的对象,按住<Shift>键选择要剪切的对象,或[投影(P)/边(E)/放弃(U)]：

(选择图 6-12 中的直线 CD、EF)

选择要延伸的对象,按住<Shift>键选择要剪切的对象,或[投影(P)/边(E)/放弃(U)]:

选择"修剪"命令,按图 6-9 所示,剪切掉圆的多余部分,再选择绘制"直线"命令,完成"上法兰"的绘制。

命令:line

指定第一点:(捕捉图 6-12 中的点 D)

指定下一点或[放弃(U)]:(选择"垂足"方式捕捉垂直中心线的垂足点)

指定下一点或[放弃(U)]:↙

5)用"直线"命令与"绘圆"命令绘制图 6-9 所示的右上角一圆 $\phi7$ 及其中心线,置"中心线"为当前层。

命令:line

指定下一点或[放弃(U)]:(捕捉图 6-12 中心点)

指定下一点或[放弃(U)]:@ 40<45

指定下一点或[闭合(C)/放弃(U)]:↙

置"0"为当前层。

命令:circle

指定圆的圆心或[三点(3P)/两点(2P)/相切、相切、半径(T)]:(捕捉图 6-12 中刚绘制的直线与圆 $\phi70$ 的交点)

指定圆的半径或[直径(D)]<21.2500>:3.5

命令:lengthen

选择对象或[增量(DE)/百分数(P)/全部(T)/动态(DY)]:DY

选择要修改的对象或[放弃(U)]:(选择刚绘制的直线一端)

指定新端点:(拉长直线到合适长度)

选择要修改的对象或[放弃(U)]:(选择刚绘制的直线另一端)

指定新端点:(拉长直线到合适长度)

选中图 6-12 所示中的圆 $\phi70$,在"对象特性"工具栏中的图层管理下拉列表中选择"中心线"层,将圆所在图层从 0 层换到中心线层,绘制结果如图 6-13 所示。

6)选用"阵列"命令复制圆 $\phi7$ 及中心线。选择菜单"修改"→"阵列"命令,弹出"阵列"对话框。设置环形阵列如下:

① 打开环形阵列选项卡。

② 中心点:捕捉图 6-13 中的中心线交点。

③ 项目总数:4。

④ 选择对象:选择图 6-13 中小圆及小圆的中心线。

单击"确定"按钮,结果如图 6-14 所示。选择"打断"命令 $\phi70$,绘制结果如图 6-15 所示。

7)绘制主视图(图 6-2)中的相贯线 PSR。

命令:line

指定第一点:(捕捉图 6-15 左视图中直线与圆交点的 X)

指定下一点或[放弃(U)]:(选择"垂足"捕捉命令捕捉图 6-15 主视图中的垂直中心线相交点 S)

指定下一点或[放弃(U)]:↙

选择菜单"绘图"→"圆弧"→"三点"命令:

命令:arc
指定圆弧的起点或[圆心(C)]:(捕捉图6-15中的点 R)
指定圆弧的第二点或[圆心(C)/端点(E)]:(捕捉刚绘制的点 S)
指定圆弧的端点:(捕捉图6-15中的点 P)

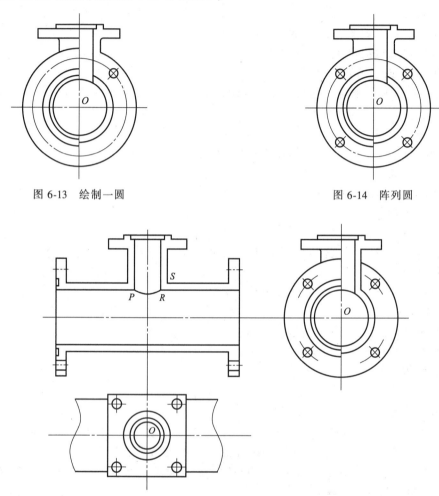

图 6-13　绘制一圆　　　　　　　　图 6-14　阵列圆

图 6-15　缺相贯线的三通管三视图

6. 填充三通管零件图的剖面图

选择菜单"绘图"→"图案填充"命令或单击绘图工具栏图案填充图标,弹出"边界图案填充"对话框,设置如下选项:

填充类型为"预定义",图案类型为"ANSI31",角度为"0",比例为"5",其他选项为默认设置。填充区域通过单击"拾取点"按钮,对话框消失。在要填充剖面线的封闭区域内连续拾取点,填充区域选好,按<Enter>键,返回对话框,单击"确定"按钮,即完成剖面线的填充,如图6-16所示。如果剖面线太密,可增大比例设置值;如果剖面线太疏,可减小比例设置值。

7. 标注三通管零件图尺寸

(1) 设置标注样式

1) 选择菜单"格式"→"标注样式"命令,弹出"标注样式管理器"对话框,选择

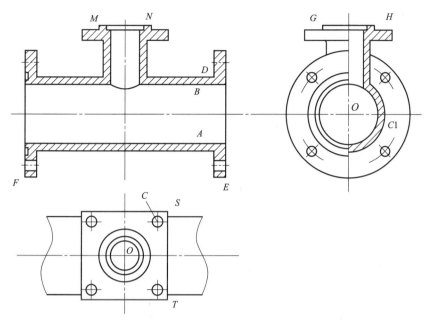

图 6-16 填充的三通管三视图

"SO-25"标准样式为当前样式。单击"修改"按钮,弹出"修改标注样式"对话框,打开"主单位"选项卡,设置"精度"为"0",其余均为默认设置。单击"确定"按钮,回到"标注样式管理器"对话框。

2)重复上述操作,单击"新建"按钮,以"ISO-25"为基础样式,建立"副本 ISO-25",打开"主单位"选项卡,在"前缀"文本框中输入"%%C",打开"公差"选项卡,设置"方式"为"极限偏差",设置"精度"为"0","上偏差"为"0.052","下偏差"为"0",其余选项不变。

3)重复上述操作,以"ISO-25"为基础样式,建立"副本(2)ISO-25",打开"文字"选项卡,设置"对齐方式"为"水平",其余选项不变。

4)重复上述操作,以"ISO-25"为基础样式,建立"副本(3)ISO-25",打开"调整"选项卡,设置"文字位置"为"尺寸线上方,不加引线","调整选项"为"文字始终放置在尺寸界线之间",其余选项不变。

(2)标注尺寸

1)标注线型尺寸,设置"ISO-25"标准样式为当前样式。

选择"缩放"命令,放大主视图在屏幕上的显示。标注主视图上没有公差的线性尺寸,如"φ40"。

命令:dimlinear

指定第一条尺寸界线原点或<选择对象>:(捕捉图 6-16 中的点 A)

指定第二条尺寸界线原点:(捕捉图 6-16 中的点 B)

指定尺寸线位置或[多行文字(M)/文字(T)/角度(A)/水平(H)/垂直(V)/旋转(R)]:T

输入标注文字<58.10>:%%C40

指定尺寸线位置或[多行文字(M)/文字(T)/角度(A)/水平(H)/垂直(V)/旋转(R)]:(指定合适位置放置尺寸线)

标注文字:40

三视图上其余的线性尺寸标注操作同上。

2) 标注主视图上带公差的尺寸,设置"副本 ISO-25"样式为当前样式。

命令:dimdiameter

指定第一条尺寸界线原点或<选择对象>:(捕捉图 6-16 中的点 M)

指定尺寸线位置或[多行文字(M)/文字(T)/角度(A)/水平(H)/垂直(V)/旋转(R)]:(指定合适位置放置尺寸线)

3) 标注俯视图上尺寸为"4×φ7"的圆,设置"副本(2)ISO-25"样式为当前样式。

命令:dimdiameter

选择圆弧或圆:(捕捉图 6-16 中的圆 C)

指定尺寸线位置或[多行文字(M)/文字(T)/角度(A)]:T

输入标注文字<4>:4×%%C7/

指定尺寸线位置或[多行文字(M)/文字(T)/角度(A)]:(指定合适位置放置尺寸线)

重复上述操作步骤,标注左视图 "4×φ7" 尺寸。

4) 标注左视图上尺寸 φ70,设置"副本(3)ISO-25"样式为当前样式。

命令:dimdiameter

选择圆弧或圆:(捕捉图 6-16 中的圆 C1)

指定尺寸线位置或[多行文字(M)/文字(T)/角度(A)]:(指定合适位置放置尺寸线)

绘制结果如图 6-17 所示的三视图。

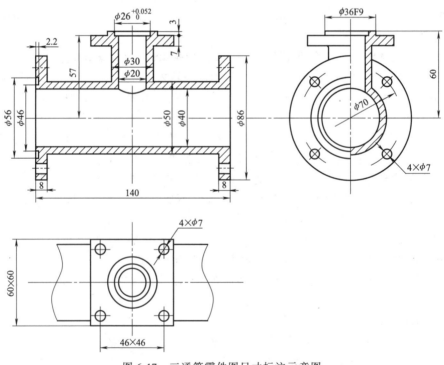

图 6-17 三通管零件图尺寸标注示意图

8. 标注表面粗糙度符号

(1) 绘制表面粗糙度符号

命令:line 指定第一点:(任取一点)

指定下一点或[放弃(U)]:@1.75,-3.5

指定下一点或[放弃(U)]:@4.25,8
指定下一点或[闭合(C)/放弃(U)]:↙
命令:circle
指定圆的圆心或[三点(3P)/两点(2P)/相切、相切、半径(T)]:T
指定对象与圆的第一个切点:(捕捉上面绘制的第一条边)
指定对象与圆的第二个切点:(捕捉另外一条边)
指定圆的半径<1.5000>:1.25
结果如图6-18所示。

(2) 建立表面粗糙度符号外部块

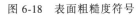

图6-18 表面粗糙度符号

命令:wblock

弹出"写块"对话框。单击"基点"区"拾取点"按钮,进入绘图区域,捕捉图6-18所示的点A,按<Enter>键,返回对话框。单击"对象"区"选择对象"按钮,进入绘图区域,捕捉图9-18所示的所有对象,按<Enter>键,返回对话框。在"文件名"文本框中输入"cucaodu.dwg"文件名,在"位置"下拉列表框中选择d:\my Documents作为文件保存位置。

(3) 插入表面粗糙度符号块

选择菜单"插入"→"块"命令,弹出"块插入"对话框,选择插入的块名称(cucaodu),单击"确定"按钮,对话框消失,AutoCAD提示如下:

命令:insert
指定插入点或[比例(S)/X/Y/Z/旋转(R)/预览比例(PS)/PX/PY/PZ/预览旋转(PR)]:R
指定旋转角度:180
指定插入点:(捕捉图6-17中的点A)

重复上述操作步骤完成其余的表面粗糙度符号标注和基准符号。

9. 标注几何公差

命令:line
指定第一点:(捕捉图6-16中的点E)
指定下一点或[放弃(U)]:(单击点E正下方合适位置处)
指定下一点或[放弃(U)]:↙
命令:qleader
指定第一个引线点或[设置(S)]<设置>:
(弹出"引线设置"对话框,选择"注释"选项卡中的"公差"选项)
指定第二个引线点或[设置(S)]<设置>:(捕捉刚刚绘制的直线上的任意一点)
指定下一点:(单击上面一点正右方合适位置处)
指定下一点:↙

弹出"形位公差"对话框,按图6-1所示设置,单击"确定"按钮,完成所有的绘制。

10. 插入A3图框

选择插入命令,把A3图框用"插入"命令将其插入"三通管零件图.dwg"文件中,完成三通管零件图绘制,保存文件。

四、典型零件图实例——传动轴

轴类零件是常见的典型机械零件,下面以图6-19所示的输出轴零件图为例,说明该类零件图的绘制过程。

【例 6-2】 绘制出图 6-19 所示输出轴的零件图。要求比例为 1.5∶1，图形界限自定，绘制完成后将该图命名为"输出轴"存盘。

步骤一：选择已有的样板文件，根据绘图的需要建立图层和文字样式，根据零件的尺寸和绘图比例选择图形界限，该图比例为 1∶1，由此将图形界限设置为 420×297。

步骤二：绘制图纸边界线和图纸边框线，绘制完毕后的结果如图 6-20 所示。

步骤三：插入该零件图的标题栏，图 6-21 所示为标题栏插入后图纸的一部分。

步骤四：绘制出各个视图的基准线，接着绘制出主视图，然后绘制出移出断面图，完成的结果如图 6-22 所示。

步骤五：标注零件图中的尺寸和几何公差，标注后的结果如图 6-23 所示。

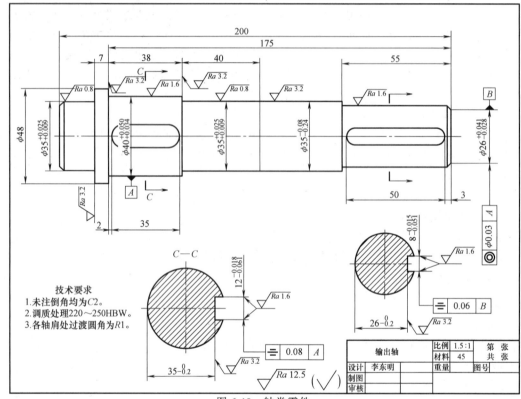

图 6-19　轴类零件

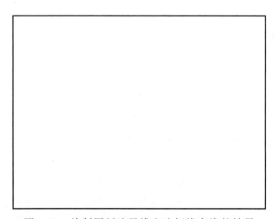

图 6-20　绘制图纸边界线和边框线完毕的结果

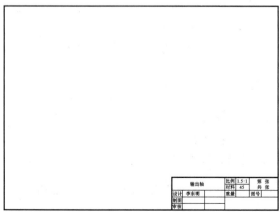

图 6-21　标题栏插入后图纸的一部分

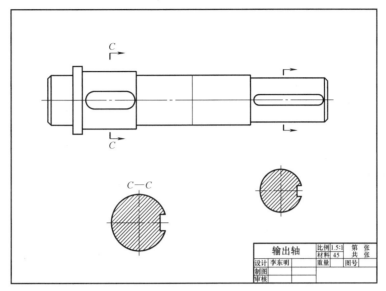

图 6-22　绘制出全图的结果

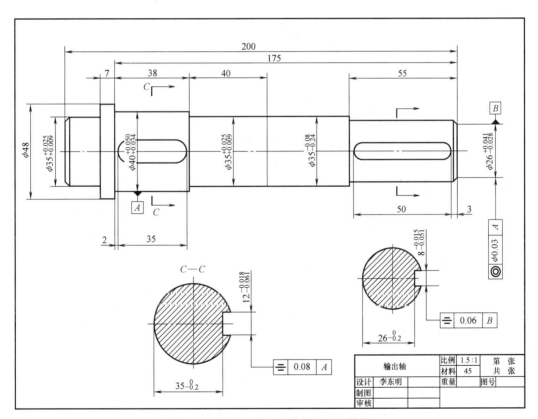

图 6-23　尺寸和几何公差标注后的结果

步骤六：标注零件各表面粗糙度值，标注的结果如图 6-24 所示。

步骤七：填写技术要求，完成整个零件图。

通过上述的步骤即绘制出图 6-19 所示的输出轴的零件图。

步骤八：将完成的图形命名为"输出轴"存盘。

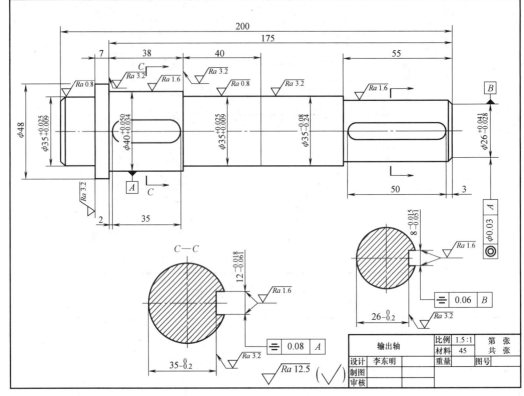

图 6-24 表面粗糙度值标注后的结果

第二节 装配图的绘制

装配图是用来表达部件或机器的图样，是进行设计、装配、检验、安装、调试和维修，以及技术交流所必需的技术文件。本节主要介绍装配图的内容、装配图视图表达方法、装配图的画法以及装配机构合理性等内容。

一、装配图的内容

在设计过程中，一般先根据设计要求画出装配图，以表达部件或机器的工作原理、传动路线和零件之间的装配关系。在生产过程中，装配图是制订装配工艺流程，进行装配、检验、安装、调整及维修的技术依据。因此，一张完整的装配图（见图 6-39）应包含以下基本内容：

1. 一组图形

用各种表达方法，准确、完整、清晰和简便地表达部件或机器的工作原理，零件之间的装配连接关系和零件的主要结构形状等。

2. 必要的尺寸

标注出表示部件或机器有关性能、规格、安装、外形、装配和连接等方面的尺寸。

3. 技术要求

用文字或符号准确简明地说明机器或部件的装配、检验、调试和使用等技术指标。

4. 零件编号、标题栏和明细栏

注明部件或机器的名称，各类零件的编号、名称、数量、材料、标准规格、标准代号、图号以及审核人员等内容。

二、装配图的绘制方法及步骤

机械图样中装配图的绘制通常采用两种方法。一种是直接利用绘图及图形编辑命令，按手工绘图的步骤，结合对象捕捉、极轴追踪等辅助绘图工具绘制装配图。第二种方法是"拼装法"，也就是先绘出各零件的零件图，然后将各零件以图块的形式"拼装"在一起，构成装配图。本节采用第二种方法利用 CAD 绘制装配图，其一般步骤如下：

第一步：确定装配关系。当画装配图时，必须先对表达的机器或部件的功用、工作原理，零件间的装配关系，主要零件的基本结构及技术条件等进行分析后，再绘制装配图。

第二步：确定视图表达方案。根据装配图和视图的选择原则，尽量要使所选视图重点突出，相互配合。可选出几个方案进行比较，从中确定最佳方案。

第三步：确定图幅、布置视图。根据部件的大小和视图数量，确定画图比例、图幅大小，画出图框，留出标题栏和明细栏的位置。画出各视图的基线，并在各视图之间留出适当间隙，以便标注尺寸和进行零件编号。

第四步：绘制零件图装配部分。围绕主要装配干线，按照装配顺序逐个绘制零件图。

第五步：绘制细部结构。根据需要绘制局部视图，包括局部剖视图或局部放大视图。

第六步：标注。标注装配图的尺寸，编写零件序号，填写标题栏、明细栏及技术要求等。

【例 6-3】 按照图 6-25 所示的轴架和带轮的装配示意图和图 6-26～图 6-33 所示的零件图绘制出轴架与带轮的装配图，要求绘图比例为 1∶1，图形界限自定，绘制完毕后将该图命名为"轴架与带轮"存盘。

步骤一：根据零件图弄清楚各个零件的形状结构，根据装配示意图结合零件图的有关尺寸，分析清楚零件间的配合关系。

步骤二：根据装配图的需要绘制出各个零件的有关视图，然后将其定义为相应的图块并存储。

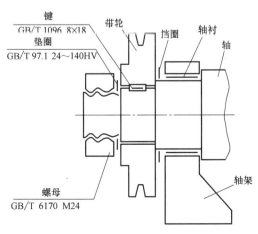

图 6-25 轴架与带轮的装配示意图

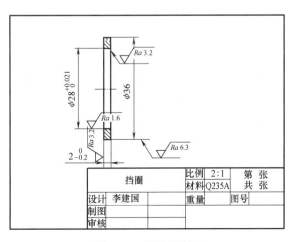

图 6-26 挡圈零件图

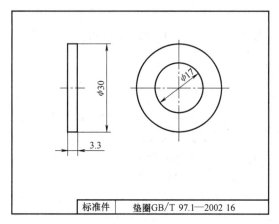

图 6-27 垫圈零件图　　　　图 6-28 键零件图

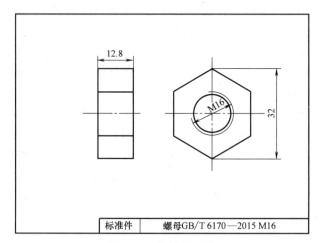

图 6-29 螺母零件图

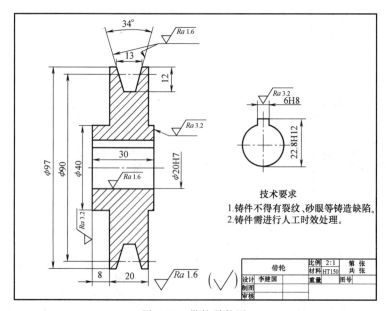

图 6-30 带轮零件图

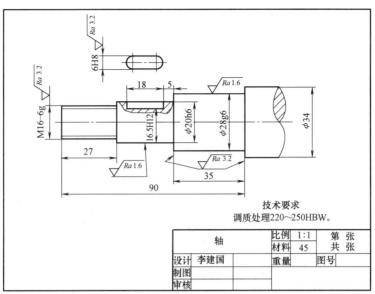

图 6-31 轴零件图

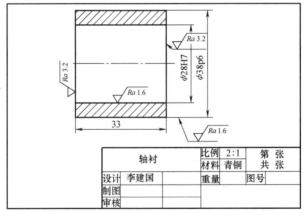

图 6-32 轴衬零件图

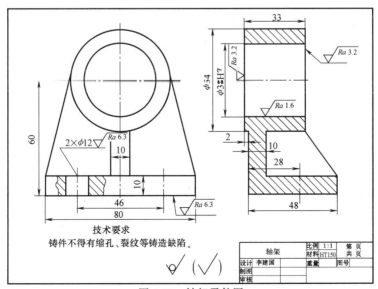

图 6-33 轴架零件图

步骤三：建立新图，根据该装配图的尺寸和绘图比例（1.5∶1）设置图形界限，创建需要的图层，绘制图纸边界线和边框线，插入标题栏和明细栏，操作结果如图 6-34 所示。

步骤四：在新图上分别插入存储的各个零件图块，初步组成装配图，这是由零件图拼画装配图最重要的步骤，操作结果如图 6-35 所示。

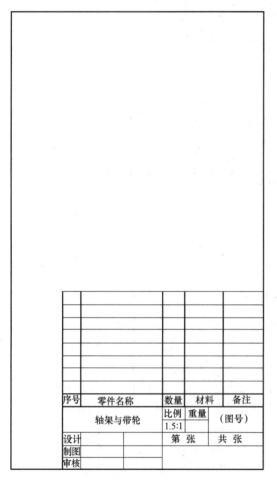

图 6-34 绘制图纸边界线、边框线和
插入标题栏、明细栏的结果

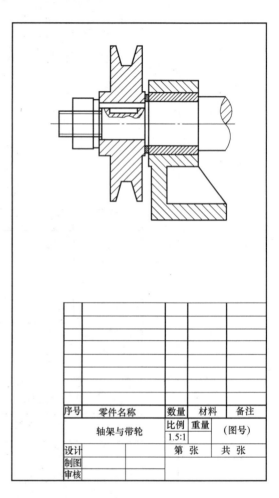

图 6-35 插入各零件图块后
初步形成的装配图

步骤五：将初步组成的装配图进行修改，并按比例进行缩放，操作结果如图 6-36 所示。

步骤六：标注装配图上需要的尺寸，图 6-37 所示为标注尺寸后的装配图。

步骤七：对装配图中的零件进行零件序号的编排，图 6-38 所示为零件序号编排完毕的装配图。

步骤八：填写装配图中的明细栏和技术要求等文本内容，完成全图，图 6-39 所示为最终绘制完毕的轴架与带轮装配图。

步骤九：将该图命名为"轴架与带轮"存盘。

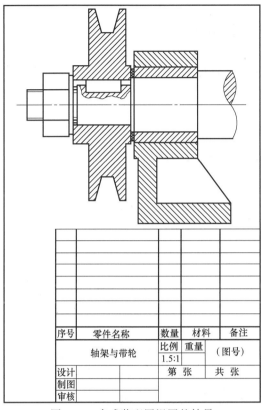

图 6-36 完成装配图视图的结果

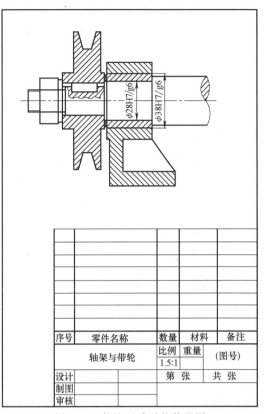

图 6-37 标注尺寸后的装配图

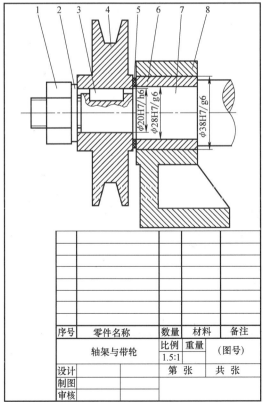

图 6-38 零件序号编排完毕的装配图

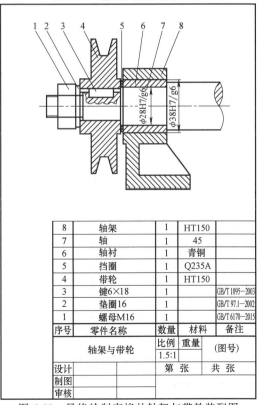

8	轴架	1	HT150	
7	轴	1	45	
6	轴衬	1	青铜	
5	挡圈	1	Q235A	
4	带轮	1	HT150	
3	键6×18	1		GB/T 1095—2003
2	垫圈16	1		GB/T 97.1—2002
1	螺母M16	1		GB/T 6170—2015

图 6-39 最终绘制完毕的轴架与带轮装配图

第三节　三维实体建模

本节以连杆为例，学习利用 UG 三维实体建模软件进行实体建模。

一、连杆体建模

1. 工作图

所需建立连杆实体模型及相关尺寸图如图 6-40 和图 6-41 所示。

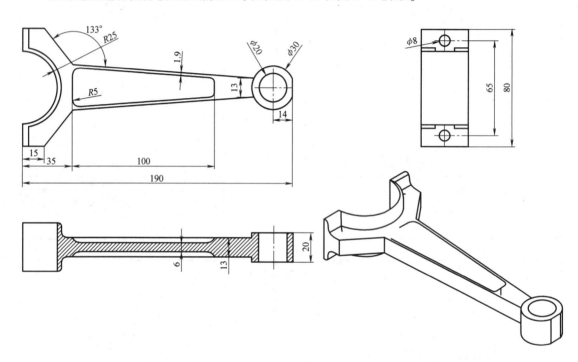

图 6-40　连杆特征尺寸图

2. 产品分析

（1）结构分析　本例中的连杆，由于其形状不规则，又含有较多的倒圆角，且各部分的厚度不相同。造型时可按下列步骤进行：先画二维曲线再采用拉伸的方法构造基础的实体；考虑到连杆是关于左右和上下对称的，只做 1/4 的实体即可；拉伸中灵活运用偏置值、起始距离、合并或减去等参数选项，可以简便地完成造型。

图 6-41　连杆实体模型

（2）构造框图　基本建模过程可以按照表 6-2 所列步骤进行。

3. 操作步骤

（1）绘制二维草图　单击"新建草图"命令，绘制图 6-42 所示草图。

表 6-2 连杆建模步骤

步骤	模型	说明	步骤	模型	说明
1		绘制草图曲线	5		拉伸凸棱
2		拉伸连杆主体	6		实体倒圆
3		拉伸连杆头部	7		镜像实体
4		拉伸凹槽	8		构造孔特征

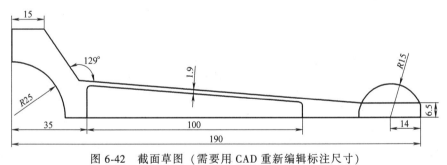

图 6-42 截面草图（需要用 CAD 重新编辑标注尺寸）

（2）拉伸连杆主体　单击"拉伸"命令，选择已有曲线，"拉伸"对话框参数设置如图 6-43 所示，完成的拉伸实体如图 6-44 所示。

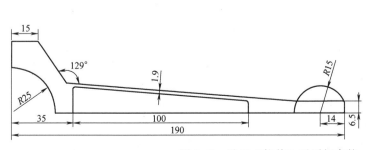

图 6-43 设置"拉伸"对话框参数

（3）**拉伸连杆头部** 拉伸方法与步骤（2）相同，拉伸截面曲线选择连杆头部轮廓，拉伸对话框中拉伸距离设为 3.5，方式为求和，生成实体如图 6-45 所示。

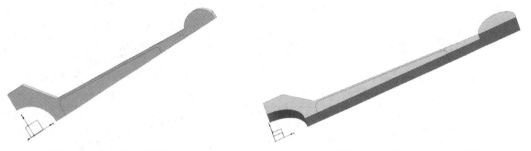

图 6-44　连杆体实体模型　　　　　　图 6-45　拉伸连杆头部之后生成实体模型

（4）**构造连杆凹槽特征** 拉伸方法与步骤和上面相同，拉伸截面曲线选择连杆体内部凹槽轮廓，"拉伸"对话框中设置拉伸距离参数为：起始 3，结束 6.5，方式为求差。生成的拉伸实体如图 6-46 所示。

（5）**拉伸凸棱** 选择"拉伸"→"绘制曲线"命令，进入草绘界面，选取连杆头部圆弧曲线，选择偏置，距离设为 2.5。完成拉伸截面绘制，拉伸距离设为 10，生成方式为合并。"拉伸"对话框及生成的实体模型如图 6-47 所示。

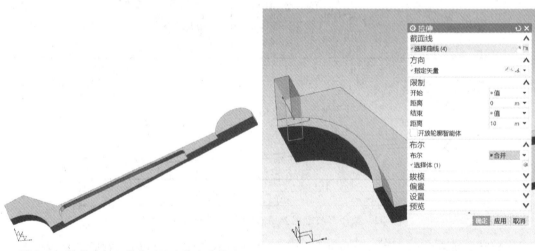

图 6-46　拉伸连杆凹槽之后生成的实体模型　　　图 6-47　"拉伸"对话框及生成的实体模型

（6）**实体倒圆角** 选择"边倒角"命令，在对话框中将"默认半径"的值改为 5，并且在实体上选取要倒圆的边，单击"应用"按钮即可。

同样的办法，在对话框中将"默认半径"的值改为 4，在实体上选择相应的边。

将"默认半径"的值改为 2.5，选择连杆头部凸棱的边（注意选择顺序），单击"应用"按钮。类似地，输入相应的半径值，将凹槽的各边倒圆角，如图 6-48 所示。

（7）**镜像实体** 由于只建立了 1/4 连杆实体模型，可以通过左右和上下镜像完成其余部分。镜像平面分别选择连杆两个对称平面。选择"关联复制"→"镜像几何体"命令，单击需要镜像的实体和镜像对称面即可。两次镜像后得到的实体模型如图 6-49 所示。

（8）**构造孔特征** 孔特征可以利用"拉伸"→"求差"命令完成，也可以直接选择"孔特征"命令完成，分别生成连杆两端孔特征之后即可完成连杆特征建模，得到图 6-44 所示的实体模型。

第六章 汽车零件设计综合实例

图 6-48 倒圆角后生成的实体模型　　　　　图 6-49 两次镜像后得到的实体模型

二、连杆端盖

1. 工作图

连杆端盖几何尺寸及实体模型如图 6-50 和图 6-51 所示。

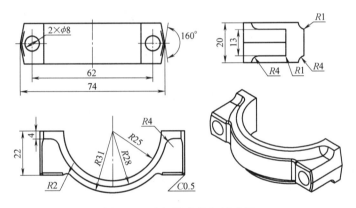

图 6-50 连杆端盖几何尺寸图

2. 产品分析

（1）**结构分析**　本例中的连杆端盖，与连杆体结构相同。造型时同样按下列步骤进行：先画二维曲线再采用拉伸的方法构造基础的 1/4 实体，然后利用镜像命令完成建模；拉伸中灵活运用偏置值、起始距离、合并或减去等参数选项，可以简便地完成造型。

图 6-51 连杆端盖实体模型

（2）**构造框图**　根据连杆端盖的结构分析，可以确定该零件的建模过程，见表 6-3。

表 6-3 连杆端盖建模过程

步骤	模型	说明	步骤	模型	说明
1		绘制草图曲线	2		拉伸实体

131

(续)

步骤	模型	说明	步骤	模型	说明
3		拉伸凸棱	5	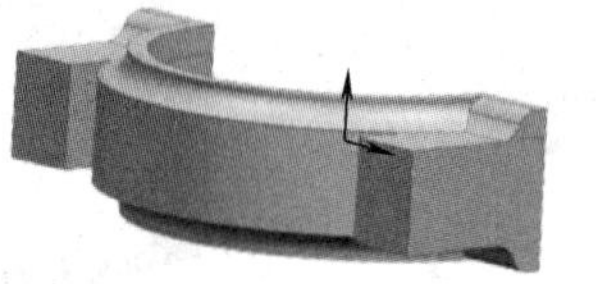	镜像实体
4	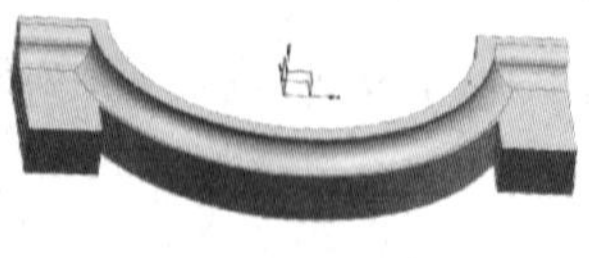	边倒角	6	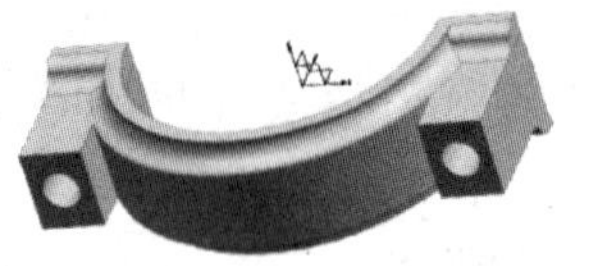	创建孔特征

第四节 创建工程图纸

在 UG 软件中，制图是三维空间到二维空间投影变换得到的二维图形，用户的主要工作是在投影视图之后，完成图纸需要的其他信息的绘制、标注和说明等。

在 UG 软件中，制图是三维空间到二维空间投影变换得到的二维图形，这些图形严格地与三维模型相关，用户一般不能在二维空间进行随意修改，因为它会破坏零件模型与视图之间的对应关系。用户的主要工作是在投影视图之后，完成图纸需要的其他信息的绘制、标注和说明等。工程制图的内容包括：制图标准的设定、图纸的确定、视图的布局、各种符号标注（中心线、表面粗糙度）、尺寸标注和几何公差标注文字说明等。

创建工程图的基本步骤如下：

1）新建图纸，设置图纸格式，进行制图预设置。

2）创建一般视图。

3）根据设计需要，创建其他视图，如投影视图、辅助视图、详细视图、旋转视图以及剖视图等，表达方法可以采用全视图、半视图或局部视图等。

4）进行尺寸及其他技术指标的标注。

5）对工程图进行编辑。

6）填写明细栏。

前面已经比较详细地介绍了各种视图、参数注释标注以及工程图相关操作的具体操作过程，下面仅简要说明基本步骤。本节以连杆体为例，学习利用三维实体建模软件生成工程图纸的相关内容。

一、新建图纸

菜单中选择"新建"→"图纸"命令，或者单击图标，进入"制图"模块，弹出对话框如图 6-52 所示。

在"新文件名"中设定图纸名称为 SHT8-1，在"要创建图纸的部件"中选择要创建工程图纸的实体模型，在其下拉列表中选择标准图纸 A2 尺寸，设定图纸单位为毫米，单击"确定"按钮，进入绘制工程图纸界面。

二、创建基本视图

在创建视图之前先选择菜单"首选项"→"制图"命令，弹出"制图首选项"对话框。

按图 6-53 所示进行各参数的设置，单击"确定"，完成设置。

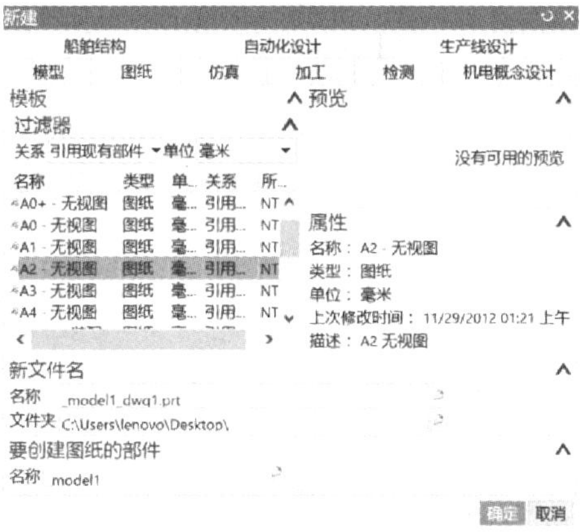

图 6-52 "新建"图纸对话框

图 6-53 设置"制图首选项"

单击"基本视图"，打开"基本视图"对话框，设置视图放置位置及视图类型和比例等，如图 6-54 所示。

放置好俯视图之后，移动鼠标，建立相应投影视图，在对话框中可以设置视图位置和对齐方式等，如图 6-55 所示。

在相应位置分别创建零件的俯视图和左视图，得到基本视图如图 6-56 所示。

基本视图建立之后，还可以进行视图移动、删除和增加等视图管理操作。

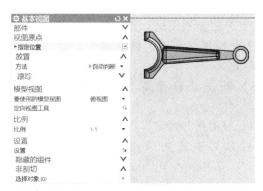

图 6-54 创建"基本视图"

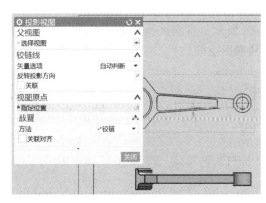

图 6-55 创建"投影视图"

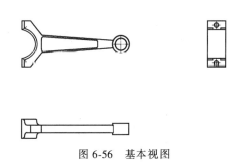

图 6-56 基本视图

三、剖视图及局部视图

由已有的图 6-38 所示视图创建简单剖视图、半剖视图和局部剖视图。操作步骤如下：

1. 创建全剖视图

1) 单击剖视图标，选择图 6-56 所示的主视图为父视图，利用光标选取中心点作为剖切处。

2)移动鼠标确定视图的位置（单击图标可以切换投射方向），如图6-57所示。

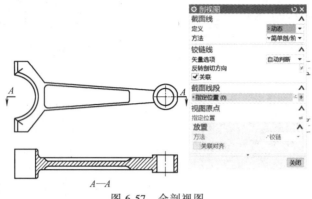

图6-57　全剖视图

2．创建半剖视图

1）删除上一步所创建的全剖视图。

2）单击剖视图标，选择图6-58所示视图为父视图，利用光标选取中心点作为切削处。

3）利用光标选取中心点作为折弯处。

4）移动鼠标确定视图的位置（单击图标可以切换投射方向），如图6-58所示。

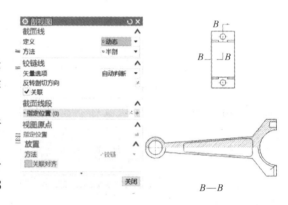

图6-58　半剖视图

3．创建局部剖视图

选择要进行半剖视图的边界，单击鼠标右键，选择"扩展"，选择菜单"插入"→"曲线"→"样条"命令，绘制图6-59所示曲线作为剖切边界，依次选择剖视图中心点和法线方向等，然后选择应用，生成局部剖视图，如图6-60所示。再次选择要进行半剖视图的边界，单击鼠标右键，在快捷菜单中选择"扩展"，回到视图空间。

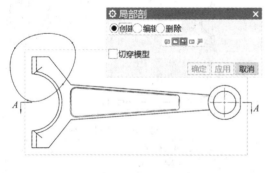

图6-59　局部剖视图创建对话框

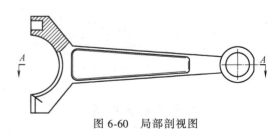

图6-60　局部剖视图

4．创建局部放大视图

单击局部放大视图工具，选择要进行局部放大视图的中心点、设置边界点，放大比例，选择放置位置，单击完成局部放大视图的创建，如图6-61所示。

第六章 汽车零件设计综合实例

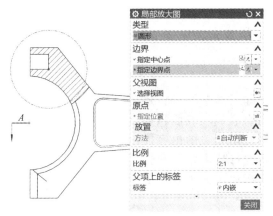

图 6-61 创建"局部放大图"

四、尺寸和符号标注

1. 尺寸标注

工程图创建后，需要对工程图进行尺寸标注，在 UG 软件中标注和修改统一在相同的对话框中，操作十分方便。

首先对"尺寸样式"进行设置，如图 6-62 所示，先选择要设置的尺寸标注，然后单击编辑设置图标 $\boxed{\text{A}}$，打开"设置"对话框，分别设置尺寸标注样式中的箭头、文字和公差等参数，单击"关闭"按钮即可。

尺寸样式设置好之后，即可以进行相应线性、直径和角度等尺寸标注。完成尺寸标注后如图 6-63 所示。

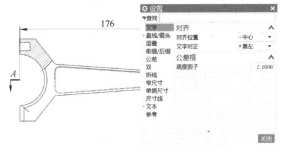

图 6-62 尺寸样式设置

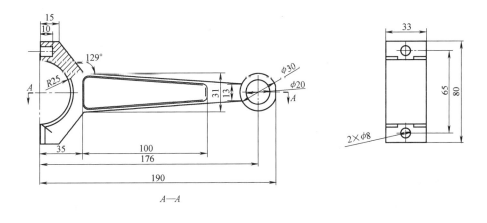

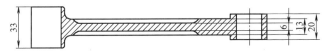

图 6-63 尺寸标注

135

尺寸标注完成后，单击尺寸，可以进行编辑修改，如增加公差和添加参考尺寸等，如图6-64所示。

2. 文本及符号标注

在工程图中除了视图和尺寸标注外，还有其他一些标注符号，如中心线、表面粗糙度、几何公差和注释等与视图相关的内容需要进行标注。此外，还需进行技术要求和标题栏等的标注。完成全部标注后的工程图如图6-65所示。

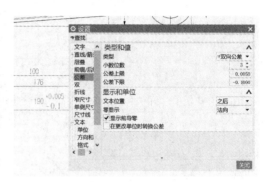

图6-64 修改尺寸标注

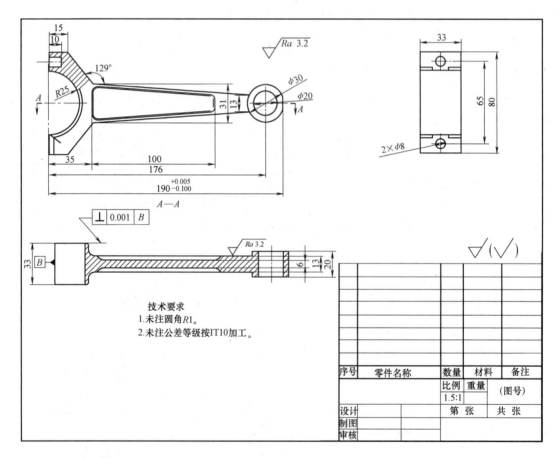

图6-65 完成全部标注后的工程图

五、创建及调用工程图样

图纸可以做成模板，作为资源使用，放在右侧的资源条中，使用起来很方便。用户可以直接定义边框和标题栏，它们的制作、存储及调用方法如下：

1. 制作工程图样

1）建立一个文件名为A3的新文件。单击图标或选择菜单"开始"→"制图"命令，进入制图模式。按图6-66所示进行图纸设置，单击"确定"按钮。

2)绘制边框和标题栏。选择下拉菜单"插入"→"曲线"命令,用直线绘制边框和标题栏,如图6-67所示。

3)输入文字。选择下拉菜单"首选项"→"注释"命令,在"注释首选项"对话框中对文字进行设置,单击"确定"按钮。

4)选择下拉菜单"插入"→"文本"命令,在文本框中输入文字,并放置在合适的位置上,如图6-68所示。

5)存储文件。选择下拉菜单"文件"→"选项"→"保存选项"命令,打开图6-69所示对话框,选择"仅图样数据",单击"确定"按钮完成设置;选择下拉菜单"文件"→"保存"命令,将标题栏存储,以备后用,关闭文件。其他图幅(A0、A1、A2等)的边框和标题栏的制作方法类似。

2. 工程图样的调用

1)选择下拉菜单"格式"→"图样"命令,弹出"图样"对话框,单击"调用图样",输入相应各种参数,单击"确定"按钮,选择已经保存的图样文件,单击"确定"按钮。

2)输入图样名,单击"确定"按钮,指定图框和标题栏的位置,单击"取消"按钮,关闭对话框。

图6-66 设置新建"图纸页"

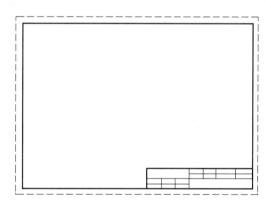

图6-67 图纸边框及标题栏

图6-68 标题栏

图6-69 "保存选项"对话框

第七章　汽车CAD/CAE技术应用实例

汽车CAD/CAE技术是通过计算机及图形输入/输出设备进行汽车产品的交互设计，并建立产品的数字模型，然后在统一的产品数字模型下进行结构的计算分析、性能仿真、优化设计及自动绘图。汽车CAD/CAE技术是用于支持汽车产品开发的计算机辅助设计、分析的方法、理论与工具等相关技术的总称，包括现代设计方法、优化设计、运动及动力学分析等。本章通过CAD/CAE应用实例，学习现代设计方法及手段。

 学习目标：

➢ 掌握三维建模及虚拟装配方法。
➢ 掌握逆向工程方法。
➢ 掌握优化设计方法。
➢ 掌握运动学分析方法。

第一节　建模与虚拟装配

由于产品模型越来越复杂，而更新周期越来越短，传统的二维工程图构造三维实体模型的设计方法已无法满足现代设计的要求，现代设计不但要求产品的快速成型技术，而且要求提取三维几何结构及相关的二维图形、装配和分析等多种信息数据，为进一步的结构力学分析、可靠性分析、优化设计和快速更新产品结构等提供数据保证。由于借助计算机三维设计功能创建的三维模型具有图形形象、直观和易读等特点，且创建的三维模型中包含有零(部)件完整的几何结构信息，可以从三维模型直接投射生成各种视图，如三视图、轴测图、剖视图和断面图等，对缩短新产品研制周期、提高设计质量和降低装配成本有显著的作用。

本节以曲柄连杆机构为例，利用三维实体建模软件UG，进行零件建模及实体虚拟装配学习。本例中曲柄连杆机构由活塞、连杆、曲轴及活塞销组成，在设计过程中首先利用UG软件建模功能，建立各零件的实体模型，然后利用UG软件的装配功能将各零件进行组装，完成曲柄连杆机构的设计。

一、各零件建模

1. 活塞建模

拟完成的活塞实体模型如图 7-1 所示。经过分析可知,活塞的基本形体为圆柱体,其他特征主要包括环槽、活塞销孔和内部凸台等,可以通过布尔求差运算获得,凸台可以通过拉伸获得。因此该实体的建模顺序可以是先拉伸生成实体,后运用拉伸(去除材料)进行布尔运算完成建模。

建模过程如下:

(1) **生成活塞体圆柱** 首先建立一个直径为 75mm、高为 54mm 的圆柱体,圆柱体可以直接生成,也可以通过草图绘制矩形,然后旋转生成。

(2) **在活塞体圆柱上生成活塞环** 通过在草图绘制图 7-2 所示的三个矩形,然后用生成的旋转体与圆柱体进行布尔求差得到图 7-3 所示的活塞体。

图 7-1 拟完成的活塞实体模型

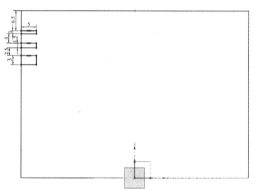
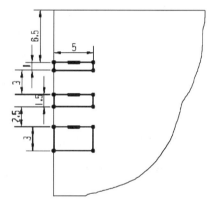

图 7-2 活塞环槽尺寸

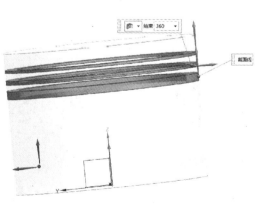

图 7-3 活塞体模型

(3) 创建活塞下部 绘制图 7-4 所示的草图,然后利用拉伸(布尔求差运算)即可生成。

(4) 创建活塞裙部 活塞裙部的切除部分采用拉伸特征进行布尔求差得到,如图 7-5 所示。

(5) 创建活塞销孔 活塞销孔特征的创建同样可以采用拉伸(布尔求差运算)获得,如图 7-6 所示。

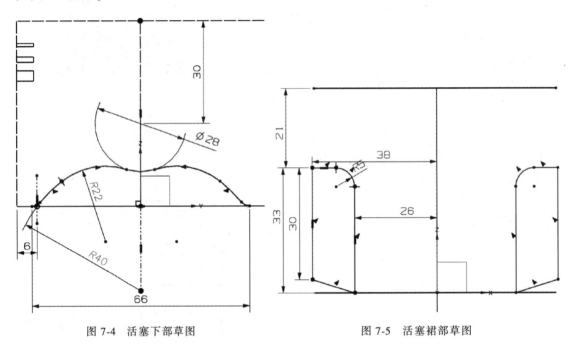

图 7-4 活塞下部草图　　　　　　　图 7-5 活塞裙部草图

(6) 创建活塞内部 利用拉伸(布尔求差运算),选择拔模角度为 5°,生成图 7-7 所示的活塞内部。

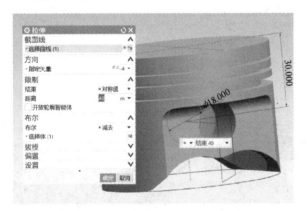　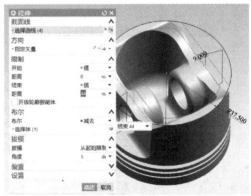

图 7-6 创建活塞销孔　　　　　　　图 7-7 创建活塞内部

(7) 创建活塞销座 活塞销座特征的创建同样可以采用拉伸的方法完成,但是需要首先创建基准平面,如图 7-8 所示,利用已有的活塞裙部平面,采用偏移方式创建基准平面,偏移距离为 5mm。

在建立的基准平面上绘制图 7-9 所示的草图,拉伸距离为 13mm。

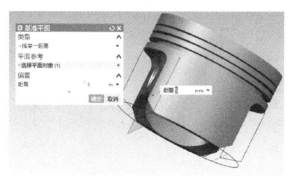

图 7-8 创建基准平面

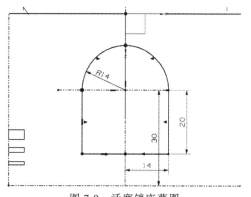

图 7-9 活塞销座草图

一侧活塞销座创建完成后,可以采用镜像特征的命令创建另外一侧活塞销座,结果如图 7-10 所示。

(8) **倒圆角** 依次选择活塞内部各棱边,进行倒圆角,圆角的半径分别为 $R3$、$R10$ 和 $R8$,最终完成图 7-1 所示的活塞模型。

2. 连杆建模

拟创建的连杆模型如图 7-11 所示。可以看出,连杆由大端、小端和中间连接三部分组成,整体结构从左至右可以分为三部分进行拉伸生成,然后采用拉伸(布尔求差运算)生成连杆两段连杆孔,再利用边倒圆角命令完成细节特征的创建。

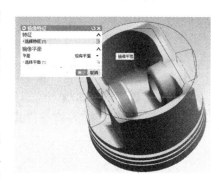

图 7-10 创建活塞销座

建模过程如下:

(1) **创建连杆大端** 绘制图 7-12 所示的草图,对称拉伸(距离为 10mm)。

图 7-11 拟创建的连杆模型

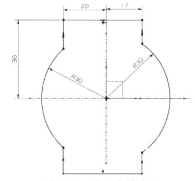

图 7-12 连杆大端草图

(2) **创建连杆小端** 绘制图 7-13 所示的草图,对称拉伸(距离为 7.5mm)。

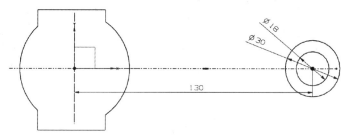

图 7-13 连杆小端草图

(3) **创建连杆中间连接部分** 绘制图 7-14 所示的草图,对称拉伸(距离为 5.5mm)。

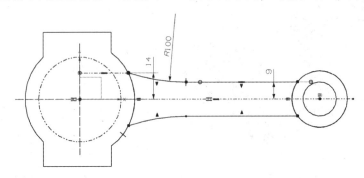

图 7-14 连杆中间部分草图

连杆大端、小端及中间连接部分创建完成后,选择求和命令,将三部分合成为一个整体。

(4) **创建连杆大端凸台** 绘制图 7-15 所示的草图,拉伸距离为 1.5mm。

(5) **创建连杆中部凹槽** 绘制图 7-16 所示的草图,选择拉伸(布尔求差运算),距离为 3mm,拔模角度为 30°。该草图截面可以采用连杆中间部分外轮廓线进行偏置获得。

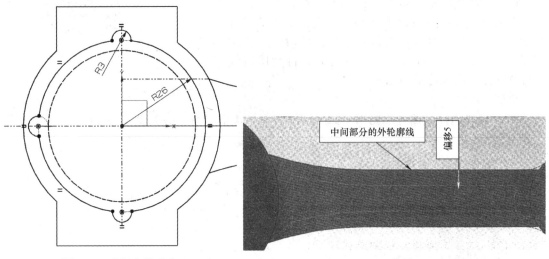

图 7-15 连杆大端凸台 图 7-16 中间凹槽部分建模

(6) **创建中间凹槽倒角** 分别选择中间凹槽底部长边及短边及凹槽上部,选择边导圆角,尺寸为 $R2$、$R2$ 及 $R3$,结果如图 7-17 所示。

(7) **创建连杆大端孔** 绘制图 7-18 所示的草图,利用拉伸(布尔求差运算)生成连杆大端孔。

绘制图 7-19 所示的草图,利用拉伸(布尔求差运算)生成连杆大端螺孔。

(8) **创建连杆大端倒圆角特征** 分别选择连杆大端及小端各处棱边,利用边倒圆角命令进行倒圆角操作。

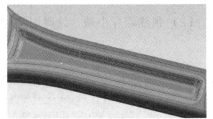

图 7-17 中间凹槽倒角

(9) **镜像特征** 选择连杆大端凸台及倒角特征、连杆中部凹槽特征及连杆小端倒圆角特征,利用特征镜像命令,生成连杆如图 7-11 所示。

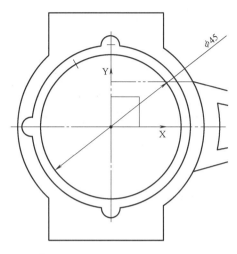

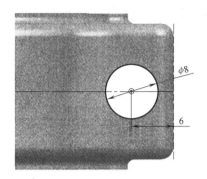

图 7-18 连杆大端孔草图

图 7-19 连杆大端螺孔草图

3. 曲轴建模

拟创建的曲轴模型如图 7-20 所示。可以看出曲轴中段为对称结构，可以建立其中一段，利用特征镜像命令完成，其余各部分仍然利用"拉伸"命令生成。

4. 活塞销建模

活塞销模型如图 7-21 所示，采用"拉伸"命令即可完成。

图 7-20 拟创建的曲轴模型

5. 机体建模

拟创建机体模型如图 7-22 所示。可以采用"拉伸"命令生成机体，然后绘制截面草图，继续采用拉伸（布尔求差运算）生成其他特征。

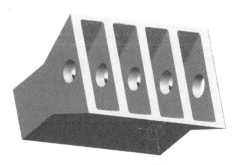

图 7-21 活塞销模型

图 7-22 拟创建机体模型

二、曲柄连杆机构装配

完成活塞曲柄连杆机构各零件的三维参数化建模之后，可利用 UG 中的 Assemblies（装配）模块功能来建立各零件在 UG 中的装配关系。活塞曲柄连杆机构装配不仅要将各组件固定在正确的位置，而且还要求各组件间具有正确的约束关系，使各组件具有适宜的自由度。本文采用自底向上的装配方式来装配活塞曲柄连杆机构。所谓自底向上装配设计方法就是先创建装配体的零部件，然后把它们以组件的形式添加到装配文件中。这种装配设计方法先创建最下层的子装配件，再为各子装配件或部件装配更高级的装配部件，直到完成装配任务。建立好的曲柄连杆机构如图 7-23 所示。

图 7-23 建立好的曲柄连杆机构

从该曲柄连杆机构模型可以看出，该机构由活塞连杆组、曲轴及机体构成，故在进行装配建模时，可以先将活塞、连杆及活塞销进行装配生成活塞连杆组件，然后再进行活塞连杆组件的复制装配，即可完成该机构最终模型的创建。

1. 活塞连杆组件创建

拟创建的活塞连杆组件如图 7-24 所示。该组件包含活塞、连杆及活塞销三个零件。活塞和连杆通过活塞销配合，其中活塞与活塞销通过轴线重合和断面对齐两个约束来约束相对位置关系，连杆一方面通过轴线重合来约束位置关系，同时还需要增加连杆对称面与活塞对称面重合的约束。因此组件的装配过程如下：

1）将连杆以"绝对原点"的定位方式加载，如图 7-25 所示。

2）装配活塞销。选择活塞销轴线与连杆小端孔轴线重合约束，同时选择连杆小端对称面与活塞销对称面重合约束，完成装配，如图 7-25 所示。

图 7-24 拟创建的活塞连杆组件　　　　　图 7-25 活塞销装配模型

3）装配活塞。选择活塞对称平面与连杆小端对称平面重合约束，同时选择活塞销孔轴线与活塞销轴线重合约束，如图 7-26 所示，完成活塞连杆组件的装配。

2. 机体装配

如图 7-23 所示组件，可以选择机体为固定组件，然后装配曲轴，最后装配四组活塞连杆组件即可。装配过程如下：

1）将机体以"绝对原点"的定位方式加载，如图 7-27 所示。

2）装配曲轴。分别选择曲轴端部两个圆柱面与机体孔圆柱面接触约束、圆柱面轴线与机体孔轴线对齐约束、圆柱端面与机体断面对齐约束，如图 7-28 所示。

3）装配活塞连杆组件。添加活塞连杆组件，选择连杆大端孔的圆柱面与曲轴连杆轴径圆柱面轴线对齐约束，添加连杆大端端面与曲轴相应轴径端面接触约束，添加活塞圆柱面与机体活塞孔圆柱面平行约束，即可完成装配，如图 7-29 所示。按照同样方法装配其余活塞连杆组件，即可完成活塞曲柄连杆机构组件的装配，如图 7-23 所示。

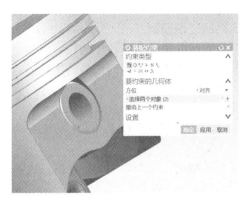

图 7-26 装配活塞

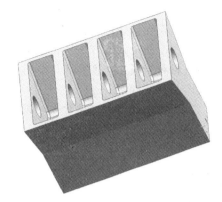

图 7-27 机体

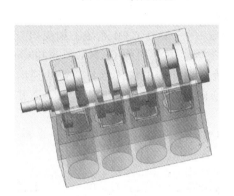

图 7-28 装配曲轴

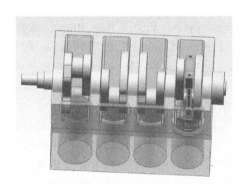

图 7-29 装配活塞连杆组件

第二节 建模与逆向工程

随着汽车产品更新换代的加快，在原有车型上进行改进，以缩短新产品的开发周期，被越来越多的汽车厂商所采用。对于汽车零部件来说，同样需要快速的开发过程，以适应整车的开发周期。而汽车中很大部分零部件是由一系列复杂的空间曲面构成的，这些曲面是由不同曲率的空间曲面相互连接而成的，这种连接既要满足零件功能、结构的要求，又要光滑过渡，达到平顺、和谐的效果。逆向工程作为一种重要的开发手段，广泛地应用于汽车改型设计中，以缩短产品的开发周期。

一、逆向设计方法概述

早期设计师在进行产品的造型设计时，主要采用正向设计的方法，这是一个从概念设计起步到 CAD 建模、数控编程和数控加工的过程。

产品造型设计的正向设计一般流程为：概念设计→CAD/CAM 系统→制造系统→新产品。

但对于复杂的产品，正向设计的方法显示出了它的不足，设计过程难度系数大，周期较长，成本高，产品研制开发难。由于设计师无法完全预估产品在设计过程中会出现什么样的状况，如果每次因为一些局部的问题而推倒整个产品重来，不管从时间上还是从成本上都是不可接受的。如果有方法能改正在正向设计过程中所产生的局部问题自然是好的，正是在这样的背景下，发展并形成了逆向设计的方法。

逆向设计通常是根据正向设计概念所产生的产品原始模型或者已有产品来进行改良，通过对产生问题的模型进行直接的修改、试验和分析，得到相对理想的结果，然后再根据修正后的模型或样件通过扫描和造型等一系列方法得到最终的三维模型。

采用逆向设计的方法所得到的产品模型，因为是有实际的模型参与各种试验，因此得到的结果相对于概念化推算和计算机虚拟模拟更接近真实，从而能迅速找到产品的优异形态并缩短产品开发周期。

在新产品开发中，通常采用正向设计和逆向设计结合使用。

逆向设计的一般流程是：产品样件→数据采集→数据处理 CAD/CAE/CAM 系统→模型重构→制造系统→新产品。

在逆向设计的这些环节中，数据采集、数据处理和模型重构是产品逆向设计的三大关键环节。

国际市场有很多逆向设计的应用软件，如美国 Imageware 公司的 Imageware、英国 Renishaw 公司的 TRACE、英国 MDTV 公司的 STRIM 和 Surface Reconstruction、英国 DelCAM 公司的 CopyCAD 和美国 Rain Drop 公司的 Geomagic。此外，一些 CAD/CAM 系统，如美国 PTC 公司的 Pro/Engineer、德国 Siemens PLM 旗下的 NX 与法国达索公司的 CATIA 和 Solidworks office premium 等在其系统中也集成了可实现逆向三维造型设计的模块，但与专业的逆向设计软件比较，在功能上有较大的局限性，如 Imageware 逆向设计软件可方便地实现下面几项功能：

1）接受不同来源扫描资料点的分析与处理，如 CMM.Laser、sensors 和 Ultrasound 等。
2）快速、准确地将扫描点转换成 NURBS 曲面。
3）对曲面模型的精度和品质进行评价。
4）对曲线、曲面的形状实现交互修改。在产品的曲面模型重建时，Imageware 不需经过建造曲线来构造曲面，而是直接由扫描点来直接产生曲面；或采用建立周边曲线再用该边界与其内部的扫描点群来产生曲面；也可首先在扫描点群中构造 NURBS 曲线，再由曲线来产生曲面。

二、活塞逆向工程设计

本节以图 7-30 所示活塞为例，介绍逆向工程设计的方法及设计过程。该设计过程主要如下：

1）首先借助三坐标测量仪对实体活塞进行测量，取得型值点。
2）然后运用逆向工程软件对点云进行数据处理。
3）在处理的点云数据基础上，通过插值或者拟合构建一个近似模型，从而完成曲面重构。
4）运用 UG 软件对生成的曲面进行修改，最后完成工程图纸。

具体设计过程如下：

1. 数据采集

根据活塞的形状特点，首先采用旋转扫描的方法进行扫描，初步扫描结果如图 7-31 所示。

图 7-30　发动机活塞

第七章　汽车CAD/CAE技术应用实例

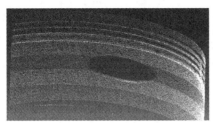
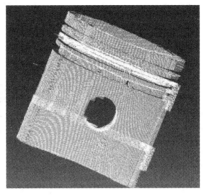

图 7-31　旋转扫描的点云

2. 数据处理

通过三坐标扫描仪获取的活塞点云不可避免地会引入数据误差，尤其是尖锐边和活塞边界附近的点云数据。活塞点云上的误差点可能使该点及其周围的曲面偏离原曲面，所以必须对原始点云数据进行处理，以去掉误差点。

三坐标扫描仪在扫描时每分钟产生成千上万个数据点，如果直接对点云数据进行造型，大量数据的存储和处理会带来很大的难题，从点云数据生成模型要花很长一段时间，这个过程也会变得难以控制。实际上，并不是所有的数据点对模型的重建都有用，因此，有必要在保证一定精度的前提下减少扫描数据量——稀释点云，既要对获得的大量的点数据进行精简，又要保证加工过程的精度。

从各个视觉分块测量得到各个独立的点云，称为多视点云。在扫描过程中，为完成对整个实体活塞的扫描，把活塞分成了八个局部相互重叠的子区域，从多个角度获取实体活塞不同方位的信息。在测量不同的区域时，都是在测量位置对应的局部坐标系下进行；八次测量所对应的局部坐标系不一致，必须把这八次测量对应的局部坐标系统一到一个坐标系，并消除两次测量间的重叠部分，以得到实体活塞表面的数据，此过程即为多视点云的对齐。

经过点云误差剔除、点云稀释、对齐之后得到点云图，如图 7-32 所示。

3. 模型重构

在逆向工程中，三维实体模型的重构是利用产品表面的散乱点数据，通过插值或者拟合，构建一个近似模型来逼近产品原型。

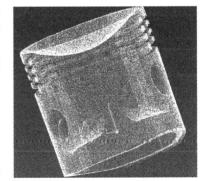

图 7-32　处理后点云

活塞的模型是由多张不同几何形状的曲面经过延伸、过渡和裁剪等操作混合而成的，而每一种曲面都有其特性和生成方式。因此，在应用逆向工程技术重构出活塞的 CAD 模型过程中，单纯地使用某种曲面生成方法是无法完成整个模型重构的，而需根据活塞外形的几何特性，选择适当的处理方法，方可较好地得到活塞的几何形状。产品的逆向曲面重构过程如图 7-33 所示。

活塞头部边界点云数据呈规则排列，采用插值法得到头部的边界线，如图 7-34 所示。由插值法定义可知，边界线与点云的误差为零。

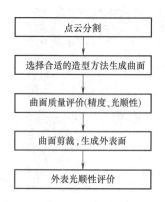

图 7-33 产品的逆向曲面重构过程

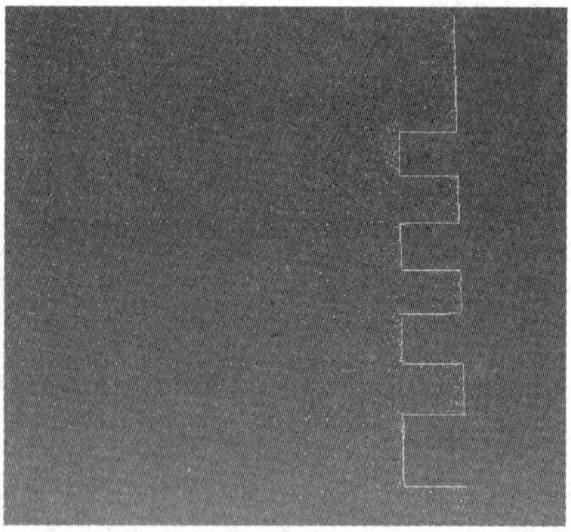

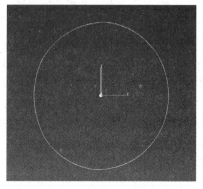

图 7-34 头部边界线

活塞裙部横向截面为椭圆形，采用逼近法构造裙部横向截面的椭圆线，如图 7-35 所示。椭圆线与点云的最大误差为 0.1521mm，平均误差为 0.0199mm，误差在允许范围之内。当通过插值和逼近得到曲线段后，在进行曲面造型之前，需通过各种编辑功能对曲线进行修形操作，一方面是修补由于测量数据的不完整带来的拟合曲线缺陷，同时，从曲面造型的角度出发，也要求曲线具有完整、连续和光滑的特点，以保证生成曲面的光顺性。曲线的编辑操作主要依据 Imageware 软件提供的各种编辑功能进行。

图 7-35 裙部椭圆线

在完成曲线造型后，可以通过不同的曲面造型方法，进行曲面模型的重构工作。不同曲面的重构需要采用不同的方法，有时还需要几种方法同时使用，使用什么方法要根据曲面的形状特征而定。

活塞头部采用旋转的方法构建，以 Z 轴作为旋转轴，360°旋转头部曲线，得到头部三维模型，如图 7-36 所示。

活塞裙部采用线性拉伸的方法构建，以 Z 轴作为拉伸方向，上下同时拉伸椭圆曲线；用"半径-长度"的方法建立裙部圆锥，以椭圆长半轴为底圆半径，活塞头部下端圆面半径为顶圆半径，裙部高度为长圆锥高度，建立圆锥；将建立的圆锥与椭圆曲面求交，得到活塞裙部，如图 7-37 所示。

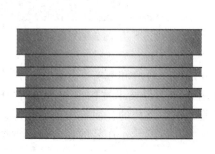

图 7-36 活塞头部三维模型

图 7-37 活塞裙部三维模型

活塞顶部模型的构建采用逼近直接拟合的方法，拟合时，曲面设定为最高阶次，这样得到的头部曲面与点云的误差最小,如图 7-38 所示。拟合的曲面与点云的最大误差为 2.3448mm,平均误差为 0.1563mm,最大误差远大于平均误差,这说明是某几个点与曲面的误差很大,但是大部分的点与曲面的误差在允许范围内,因而,构建的曲面符合要求。

4. 曲面编辑

多数零件的外形都是由一些自由曲面通过剪切、过渡和拼合等操作而形成最终的封闭曲面模型。无论是基于曲线构建的曲面还是直接拟合的曲面,它们都必须利用各种曲面编辑功能,根据已知的模型几何特征信息,将曲面拼接成完整的曲面模型。三维活塞模型是由顶部、头部、裙部、活塞销孔和油孔共同剪切拼接而成的。

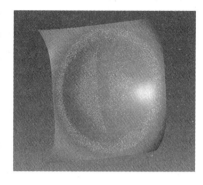

图 7-38 活塞顶部三维 CAD 模型

对三维活塞的顶部、头部和裙部三部分多余的曲面进行剪裁,并进行圆滑连接处理,得到活塞的三维整体模型,如图 7-39 所示。根据点云数据中活塞销孔的坐标以及各个油孔的坐标,在三维活塞模型上进行钻孔处理,最终得到活塞的三维模型,如图 7-40 所示。

图 7-39 活塞整体模型

图 7-40 最终活塞模型

第三节 建模与优化设计

CAE 技术是 CAD 技术和工程分析技术相结合形成的新兴技术,它的理论基础是有限元法和数值分析方法。利用 CAE 技术优化设计汽车产品的结构,使零部件薄壁化、中空化、小型化、复合化以及对零部件进行结构和工艺改进等,在保证汽车整体质量和性能不受影响的前提下,最大限度地减小各零部件的质量,实现汽车轻量化设计,是目前汽车行业轻量化设计普遍采用的优化设计方法。

本节以某型货车驱动桥桥壳优化设计为例,利用 UG 实体建模软件和 ANSYS 有限元分析软件,学习实体建模与优化设计相结合的 CAE 方法。

一、驱动桥桥壳几何模型

当建立驱动桥桥壳的几何模型时,根据驱动桥桥壳的结构和工作特点,在保持其力学性能不变的前提下,对桥壳结构进行以下的简化:

1)尽量避免桥壳形状过于复杂,以利于有限元模型建立过程中提取中截面,便于网格划分。

2) 忽略掉加油口、放油口、固定油管和导线的金属卡、桥壳中部的开口槽和板簧底座处的中心孔等几何特征。

3) 简化了容易引起截面突变的部分，如忽略了半轴套管的台阶，将半轴套管视为等直径的套管，忽略掉桥壳两端轴承座处的台阶。

4) 将一些不等厚的结构假设成等厚度的，以便于中截面的定位。

本文所研究的驱动桥桥壳为左右对称的整体式，实体简化后由桥壳主体、板簧底座、半轴套管法兰和半轴套管组成。所以先主体建模再局部细化，并且充分应用 UG 镜像命令，先完成桥壳主体的 1/4，再镜像完成桥壳主体，最后完成局部部分。

具体流程如下：

1) 绘制桥壳主体截面 1/4 草图，如图 7-41 所示。

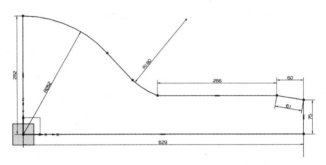

图 7-41 桥壳主体 1/4 草图

2) 完成草图，对其应用"拉伸"命令，再采用镜像几何体命令和布尔求和命令使其形成完整的桥壳主体大致结构，如图 7-42 所示。

3) 对该几何模型应用孔命令，根据主减速器的尺寸得出中心孔的直径为 460mm，再对其进行抽壳命令，抽壳厚度为 14mm，如图 7-43 所示。

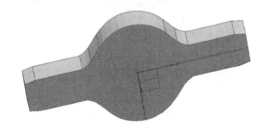

图 7-42 桥壳主体完整轮廓的结构

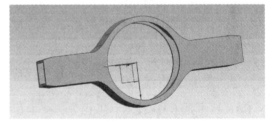

图 7-43 桥壳主体的结构

4) 进行两边半轴套管以及板簧底座的建立。根据已知尺寸数据，建立四个圆柱体，并对它们进行布尔求和，四个圆柱体（从中心到两端）的尺寸分别为直径 230mm，厚度 20mm；直径 130mm，厚度 100mm；直径 120mm，厚度 20mm；直径 85mm，厚度 259mm。再将半轴套管中轴孔简化为直孔，应用孔命令，孔直径为 70mm。然后建立板簧底座，将弹簧底座简化为一个长 240mm、宽 100mm、高 20mm 的长方体，应用镜像几何体命令，完成对称部分半轴套管以及板簧底座的建立。最后对各部分进行布尔求和，结果如图 7-44 所示。

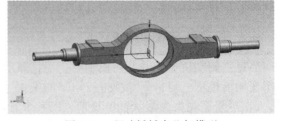

图 7-44 驱动桥桥壳几何模型

二、驱动桥桥壳有限元模型

驱动桥桥壳的几何模型建立完成之后，将该几何模型导入 ANSYS 软件中，来建立驱动桥桥壳的有限元模型。完成有限元分析的前处理部分，即确定网格类型和材料特性，用有限元网格划分过后的离散体来代替实体结构，为后面过程的顺利进行奠定基础。

具体流程如下：

（1）**导入几何模型** 把 UG 建模后的文件以 .stp 的后缀保存，然后在 ANSYS 软件中打开这个文件，检查一下模型是否失真，发现所有面和线都没有丢失或者增加，形态与 UG 中显示无异。

（2）**选择单元类型** 本文研究的是三维模型，并且模型所受应力和变形相对较大，则使用精度更高，承受变形和应力能力更强的十节点六面体单元，对应为 ANSYS 中的 solid 185 单元。

（3）**添加材料属性** 将驱动桥桥壳模型材料属性输入 ANSYS 中的材料特性库中，驱动桥桥壳的材料属性见表 7-1。

表 7-1 驱动桥桥壳的材料属性

名称	材料	弹性模量/Pa	泊松比	密度/(kg/m³)	屈服强度/MPa	抗拉强度/MPa
驱动桥桥壳主体	Q345B	2.10×10^{11}	0.27	7.83×10^{13}	345	450
半轴套管	32Mn2	2.06×10^{11}	0.30	7.83×10^{13}	635	785

（4）**划分单元网格** 由于桥壳主体所承受的应力相对较小，精度要求较低，所以设计划分网格时网格排列相对稀疏，单元尺寸较大，而其他部分所受应力较大，精度要求较高，所以网格排列设计相对密集，单元尺寸较小。网格划分后则有限元模型建立完成，该模型共有 192249 个单元、233116 个节点，如图 7-45 所示。

图 7-45 驱动桥桥壳有限元模型

三、驱动桥桥壳结构强度分析

本文均采用在驱动桥桥壳钢板弹簧座处进行约束，在两端半轴套筒上轮距处施加荷载的方式来对驱动桥桥壳进行静力学分析。

四种工况下驱动桥桥壳的边界条件见表 7-2。

表 7-2 四种工况下驱动桥桥壳的边界条件

工况	最大垂向力工况	最大牵引力工况	最大制动力工况	最大侧向力工况
边界条件	约束左侧板簧底座处 Y、Z 方向平动和绕 X 轴转动 约束右侧板簧底座处 X、Y、Z 方向平动和绕 X 轴转动	约束左侧板簧底座处 Y、Z 方向平动和绕 X 轴转动 约束右侧板簧底座处 X、Y、Z 方向平动和绕 X 轴转动	约束左侧板簧底座处 Y、Z 方向平动和绕 X 轴转动 约束右侧板簧底座处 X、Y、Z 方向平动和绕 X 轴转动	约束左侧板簧底座处 X、Y 方向平动和绕 X 轴转动 约束右侧板簧底座处 X、Y、Z 方向平动和绕 X 轴转动

进一步分析驱动桥桥壳在四种工况下所受载荷情况：

1. 在最大垂向力工况下驱动桥桥壳受载荷情况

已知两端半轴套筒轮距处同时受沿 Z 轴正方向的最大垂向反力，大小为 76164.0N。

2. 在最大牵引力工况下驱动桥桥壳受载荷情况

两端半轴套筒轮距处同时受沿 Y 轴正方向的最大牵引力反力，大小为 18548.1N。

两端半轴套筒轮距处所受的沿 Z 轴正方向的垂向反力为：

$$F_{Z1} = F_{Z2} = \frac{F_{轴} m_1}{4} = 36558.9 \text{N}$$

式中 m_1——车辆突然加速时的质量转移系数，这里取 1.2。

两端半轴套筒轮距处所受的绕 X 轴顺时针方向的最大牵引力反力对驱动桥桥壳产生的转矩为：

$$M_1 = F_Y r = 10201.6 \text{N} \cdot \text{m}$$

3. 在最大制动力工况下驱动桥桥壳受载荷情况

两端半轴套筒轮距处同时受沿 Y 轴反方向的最大制动力反力，大小为 18279.0N。

两端半轴套筒轮距处所受的沿 Z 轴正方向的垂向反力为：

$$F_{Z1} = F_{Z2} = \frac{F_{轴} m'}{4} = 22849.3 \text{N}$$

两端半轴套筒轮距处所受的绕 X 轴逆时针方向的最大制动力反力对驱动桥桥壳产生的转矩为：

$$M_2 = F_X r = 10053.5 \text{N} \cdot \text{m}$$

4. 在最大侧向力工况下驱动桥桥壳受载荷情况

假设车辆向左急转弯，仅在左侧半轴套筒轮距处受沿 X 轴正方向的最大侧向力反力，大小为 60931.5N。

两端半轴套筒轮距处所受的沿 Z 轴正方向的垂直反力为：

$$F_Z = \frac{F_{轴}}{2} = 60931.5 \text{N}$$

两端半轴套筒轮距处所受的绕 X 轴逆时针方向的最大侧向力反力对驱动桥桥壳产生的转矩为：

$$M_3 = F_{侧} r = 33512.3 \text{N} \cdot \text{m}$$

对有限元模型施加最大垂向力工况下的约束和载荷，并通过 ANSYS 求解器求解，得到最大垂向力工况下的等效应力图和变形图，如图 7-46 和图 7-47 所示。

由图 7-46 可知，驱动桥桥壳的应力分布较为平均，没有出现明显的应力波动，在两端半轴套管台阶处、左右钢板弹簧座处以及中间圆的下端应力较大，其中在轴头台阶处有最大应力为 270MPa，如图 7-48 所示，该值仍然小于桥壳主体材料许用应力，则驱动桥桥壳的应力分布符合要求。

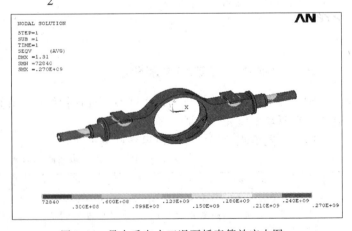

图 7-46 最大垂向力工况下桥壳等效应力图

第七章 汽车CAD/CAE技术应用实例

由图 7-47 可知，驱动桥桥壳半轴套管处变形较大，向中间圆处变形依次减小，其中中间圆下部和钢板弹簧座处的变形最小，两端半轴套管轴头处有最大变形为 1.31mm，如图 7-49 所示，依据《汽车驱动桥台架试验评价指标》中的规定，载货汽车在满载状态下，轮距的最大变形量不超过 1.5mm/m，该桥壳的最大变形量为 0.73mm/m，则驱动桥桥壳的变形分布符合要求。

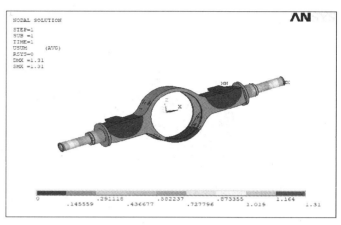

图 7-47 最大垂向力工况下桥壳变形图

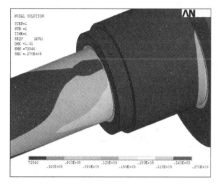

图 7-48 最大垂向力工况下桥壳最大应力处

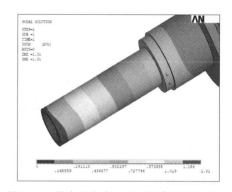

图 7-49 最大垂向力工况下桥壳最大变形处

对有限元模型施加最大牵引力工况下的约束和载荷，并通过 ANSYS 求解器求解，得到最大牵引力工况下的等效应力图和变形图，如图 7-50 和图 7-51 所示。

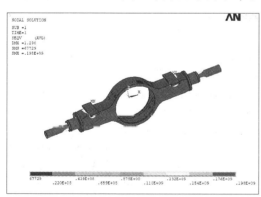

图 7-50 最大牵引力工况下桥壳等效应力图

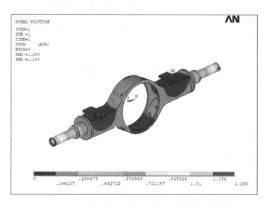

图 7-51 最大牵引力工况下桥壳变形图

由图 7-50 可知，驱动桥桥壳的应力分布较为平均，没有出现明显的应力波动，在两端半轴套管和左右钢板弹簧座处应力较大，其中在钢板弹簧座处有最大应力为 198MPa，如图 7-52 所示，该值仍然小于桥壳材料许用应力，则驱动桥桥壳的应力分布符合要求。

由图 7-51 可知，驱动桥桥壳半轴套管处变形较大，向中间圆处变形依次减小，其中中间圆下部和钢板弹簧座处的变形最小，两端半轴套管轴头处有最大变形为 1.298mm，如图 7-53 所示，该桥壳的最大变形量为 0.72mm/m，小于规定值 1.5mm/m，则驱动桥桥壳的变形分布符合要求。

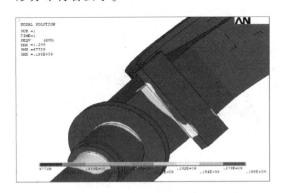

图 7-52　最大牵引力工况下桥壳最大应力处

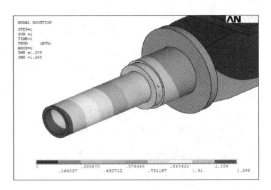

图 7-53　最大牵引力工况下桥壳最大变形处

对有限元模型施加最大制动力工况下的约束和载荷，并通过 ANSYS 求解器求解，得到最大制动力工况下的等效应力图和变形图，如图 7-54 和图 7-55 所示。

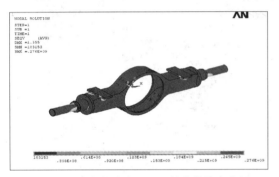

图 7-54　最大制动力工况下桥壳等效应力图

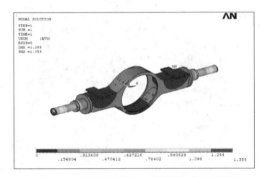

图 7-55　最大制动力工况下桥壳变形图

由图 7-54 可知，驱动桥桥壳的应力分布较为平均，没有出现明显的应力波动，在两端半轴套管和左右钢板弹簧座处应力较大，其中在钢板弹簧座处有最大应力为 276MPa，如图 7-56 所示，该值仍然小于桥壳材料许用应力，则驱动桥桥壳的应力分布符合要求。

由图 7-55 可知，驱动桥桥壳半轴套管处变形较大，向中间圆处变形依次减小，其中中间圆下部和钢板弹簧座处的变形最小，两端半轴套管轴头处有最大变形为 1.355mm，如图 7-57 所示，该桥壳的最大变形量为 0.75mm/m，小于规定值 1.5mm/m，则驱动桥桥壳的变形分布符合要求。

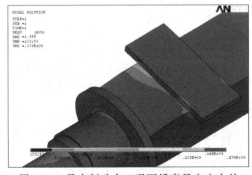

图 7-56　最大制动力工况下桥壳最大应力处

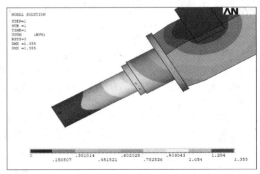

图 7-57　最大制动力工况下桥壳最大变形处

对有限元模型施加最大侧向力工况下的约束和载荷，并通过 ANSYS 求解器求解，得到最大制动力工况下的等效应力图和变形图,如图 7-58 和图 7-59 所示。

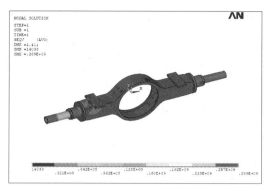

图 7-58 最大侧向力工况下桥壳等效应力图

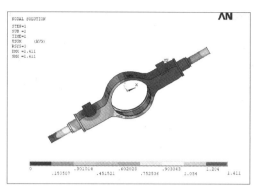

图 7-59 最大侧向力工况下桥壳变形图

由图 7-58 所示,驱动桥桥壳的应力分布较为平均,没有出现明显的应力波动,在左侧半轴套管及钢板弹簧座处应力较大,其中在左侧钢板弹簧座处有最大应力为 289MPa,如图 7-60 所示,该值仍然小于桥壳材料许用应力,则驱动桥桥壳的应力分布符合要求。

由图 7-59 所示,驱动桥桥壳左侧半轴套管变形较大,向中间圆处变形依次减小,右半部分变形较小,左端半轴套管轴头处有最大变形为 1.411mm,如图 7-61 所示,该桥壳的最大变形量为 0.78mm/m,小于规定值 1.5mm/m,则驱动桥桥壳的变形分布符合要求。

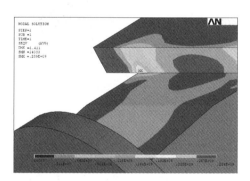

图 7-60 最大侧向力工况下桥壳最大应力处

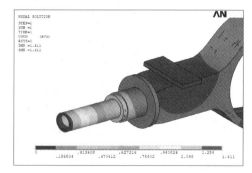

图 7-61 最大侧向力工况下桥壳最大变形处

四、驱动桥桥壳优化设计

通过对驱动桥桥壳的静力分析可知,最大应力发生在最大侧向力工况下,为 289MPa,该值远远小于桥壳材料许用应力,说明该驱动桥桥壳材料有盈余,符合对其进行轻量化设计的条件。

为了减少材料的使用量,可以适当地减小桥壳厚度,根据经验和综合分析,计划将该驱动桥桥壳的厚度由 14mm 减至 13mm,然后对优化后的模型进行静力分析,验证是否符合要求。

由于在驱动桥桥壳结构优化前最大应力和最大变形量均发生在最大侧向力工况下,所以优化后其最大应力和最大变形量也发生在最大侧向力工况下,所以只对优化后模型进行最大侧向力工况的校验。将驱动桥桥壳几何模型厚度修改为 13mm,然后导入 ANSYS 中,添加最大侧向力下的约束和载荷,得到等效应力图和变形图,如图 7-62 和图 7-63 所示。

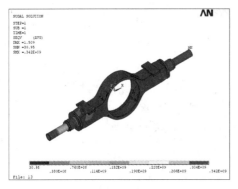
图 7-62 最大侧向力工况下优化桥壳等效应力图

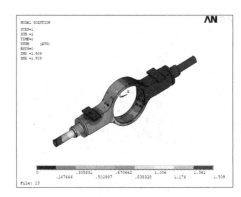
图 7-63 最大侧向力工况下优化桥壳变形图

由图 7-62 所示，驱动桥桥壳结构优化后，驱动桥桥壳的应力仍然平均分布，没有出现明显的应力波动，在左侧钢板弹簧座处有最大应力为 342MPa，如图 7-64 所示，该值仍然小于桥壳材料许用应力，则驱动桥桥壳的应力分布符合要求。

由图 7-63 所示，驱动桥桥壳结构优化后，变形趋势同优化前相比变化不大，仍为左侧半轴套管变形较大，向中间圆处变形依次减小，右半部分变形较小，左端半轴套管轴头处有最大变形为 1.509mm，如图 7-65 所示，该桥壳的最大变形量为 0.84mm/m，小于规定值 1.5mm/m，则驱动桥桥壳的变形分布符合要求。

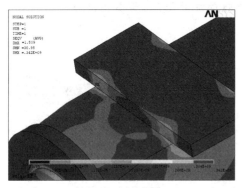
图 7-64 最大侧向力工况优化桥壳最大应力处

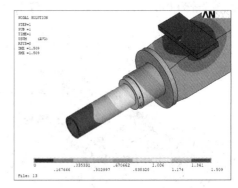
图 7-65 最大侧向力工况优化桥壳最大变形处

所以优化后的驱动桥桥壳不仅符合了各项要求，还减少了材料的使用量，提高了材料的使用率，达到了轻量化的目的。

第四节 建模与动力学仿真

本节通过多体动力学仿真软件 ADAMS，建立轿车前悬架的数字化模型，并完成其运动学仿真分析，在此基础上进行悬架系统的优化设计。

一、ADAMS 仿真优化设计的流程

1. 创建模型

在创建机械系统模型时，首先要创建构成模型的物体，它们具有质量和转动惯量等物理特性。创建物体的方法有两种：①使用 ADAMS/View 中的零件库创建形状简单的物体；②使用 ADAMS/Exchange 模块从其他 CAD 软件（如 UG NX、CATIA 等）输入形状复杂的

物体。

使用 ADAMS/View 创建的物体一般有三类，即刚体、点质量和弹性体，其中刚体拥有质量和转动惯量，但是不能变形；点质量是只有质量和位置的物体，它没有方向；使用 ADAMS/View 还可以创建分离式的弹性连杆，并且可以向有限元分析软件（如 ANSYS、NASTRAN 等）输出载荷。创建完物体后，需要使用 ADAMS/View 中的约束库创建两个物体之间的约束，这些约束确定物体之间的连接情况以及物体之间是如何相对运动的。最后，通过施加力和力矩，以使模型按照设计要求进行运动仿真。

2. 测试和验证模型

创建完模型后，或者在创建模型的过程中，都可以对模型进行运动仿真，通过测试整个模型或模型的一部分，以验证模型的准确性。

在对模型进行仿真的过程中，ADAMS/View 自动计算模型的运动特性，如距离和速度等信息。使用 ADAMS/View 可以测量这些信息以及模型中物体的其他信息，如施加在弹簧上的力和两个物体之间的角度等。在进行仿真时，ADAMS/View 可以通过测量曲线直观地显示仿真结果。

将机械系统的物理试验数据输入到 ADAMS/View 中，并且以曲线的形式叠加在 ADAMS/View 的仿真曲线中，通过比较这些曲线，就可以验证创建模型的精确程度。

3. 细化模型和迭代

通过初步的仿真分析确定了模型的基本运动后，就可以在模型中增加更复杂的因素，以细化模型，如增加两个物体之间的摩擦力，将刚体改变为弹性体，将刚性约束替换为弹性连接等。

为了便于比较不同的设计方案，可以定义设计点和设计变量，将模型进行参数化，这样就可以通过修改参数自动地修改整个模型。

4. 优化设计

ADAMS/View 符合设计环境，可以定制 ADAMS/View 的界面，将经常需要改动的设计参数定制成菜单和便捷的对话窗，还可以使用宏命令执行复杂和重复的工作，提高工作效率。

二、悬架设计基本思路

1. 设计内容及要求

1）创建参数化的悬架系统几何模型。
2）对悬架模型的运动学特性进行仿真分析。
3）依据运动学特性，进行优化设计并得出结论。

基于此要求，首先必须建立汽车悬架的模型，接着对其施加一定的约束及驱动，在系统对模型的检测无误后，系统对其进行仿真分析，得出该系统一系列参数，但根据所得的参数进行分析后，证明该系统并不一定是最优方案，因此，接下来还要对模型进行细化。最后，根据细化后的模型，对模型进行优化，得出最优方案，保存模型。

2. 建模过程中所做假设

1）各运动副均为刚性连接，内部间隙摩擦忽略不计。
2）轮胎为刚性体，在分析过程中会出现一定的误差。
3）上下缓冲块简化为线性弹簧阻尼。
4）路面不平度用函数表达式表示。

三、悬架模型的建立

本节所用案例为某乘用车前双横臂独立悬架,悬架结构及相应硬点坐标如图7-66所示。悬架模型的主销长度为330mm,主销内倾角为10°,主销后倾角为2.5°,上横臂长350mm,上横臂在汽车横向平面的倾角为110°,上横臂轴水平斜置角为-50°,下横臂长500mm,下横臂在汽车横向平面的倾角为9.5°,下横臂轴水平斜置角为10°,车轮前束角为0.2°。

在本案例创建的前悬架模型中,包括主销(Kingpin)、上横臂(UCA)、下横臂(LCA)、拉臂(Pull-arm)、转向拉杆(Tie-rod)、转向节(Knuckle)、车轮(Wheel)以及测试平台(Test-bench)等物体,并且将前悬架的主销长度、主销内倾角、主销后倾角、上横臂长、上横臂在汽车横向平面的倾角、上横臂轴水平斜置角、下横臂长、下横臂在汽车横向平面的倾角和下横臂轴水平斜置角等参数设计为设计变量,通过优化这些设计变量,以达到优化前悬架的目的。

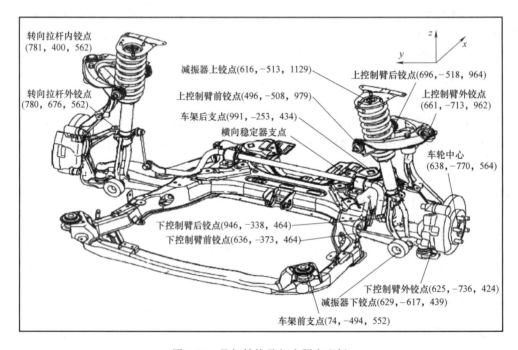

图7-66 悬架结构及相应硬点坐标

建模具体步骤如下:

1. 创建模板部件

启动 ADAMS/Car 到建模器,选择 Template,新建悬架模板 My_ suspension。

(1) 创建下控制臂 在模块模式界面中,运用 Point Table 可以改变硬点坐标。这里采用先建立硬点坐标,再建立零件,最后建立其几何外形的方式建立控制臂。一般部件有位置和方向属性,也有质量和惯量,但由于没有确定的几何尺寸,只能设定质量、惯量而不能自动计算和更新。只有在几何外形确定后才可以由 ADAMS 自动计算部件质量。在这里约定选择的材料类型为钢材,下面具体阐述:

创建硬点:单击"Build"(创建)→"Hardpoint"(硬点)→"New"(新建),弹出"创建硬点"对话框,如图7-67所示:在"Hardpoint Name"(硬点名称)文本框中输入相应的名称,Type(类型)为 left(左),在"Location"(位置)文本框中输入相应的坐标,单击

"Apply"（应用），依次建立相应的硬点坐标。硬点名称及相应坐标如图 7-67 所示。

创建控制臂一般部件：选择"Build"→"Parts"（部件）→"General Part"（一般部件）→"New"命令，打开对话框，分别创建下控制臂外硬点、前硬点和后硬点。ADAMS/Car 建立的一般部件（General Part）是一个具有质量属性、确定方向和空间位置的局部物体参照框。

图 7-67 硬点名称及相应坐标

创建下控制臂几何外形：选择"Build"→"Geometry"（几何体）→"link"（连杆）→"New"（新建）命令，按照对话框提示，创建下控制臂的前臂（lca_front）和后臂（lca_rear）；设定 Density（密度）为 Material（材料密度）；需要说明的是，需要根据实际当中零件的几何体进行相应的选择，应尽量使所建模板符合实际中的零件外观。

(2) 创建上控制臂　上控制臂（uca_control_arm）的创建过程与下控制臂的创建过程完全相同，即选择"Hardpoint"（创建硬点）→"Parts"（部件）→"Geometry"命令，上控制臂又包括前臂（uca_front）和后臂（uca_rear）。

按照同样方法，利用悬架硬点坐标，创建横拉杆、传动轴和减振器。

2. 创建各个零部件之间的连接

模型内部部件与部件之间的连接主要是约束和衬套。通过对双横臂悬架系统的分析可知：双横臂悬架的上横臂一端与车身底盘是通过转动副连接，另外一端通过球副与转向节总成相互连接；由于下横臂与上横臂结构相似，所以下横臂的运动副连接方式与上横臂的连接方式完全相同；主销与车轮通过转动副连接；横拉杆两端则通过球副分别与机架、转向节总成相互连接；同时可以把车轮与测试台之间视作为点面副；机架与测试台之间为移动副。当悬架系统的运动仿真时，把机架设定为固定件，系统的驱动设置为测试台的运动。

3. 创建通信器

ADAMS/Car 模块中的每个子系统和试验平台之间通过通信器（Communicator）进行连接，其主要作用就是在子系统与子系统之间、子系统与试验平台之间传递信息。通信器有输入通信器和输出通信器，在子系统中既有输入通信器，又有输出通信器，分别在装配时与其他子系统或是试验平台中的输出通信器和输入通信器相匹配。

利用所建立的模板，添加约束及通信器之后，生成相应的子系统。建立好子系统模型之后，利用系统内部的悬架系统试验平台和转向系统，设置初始驱动条件和约束条件，建立悬架系统动力学仿真集成模型，如图 7-68 所示。

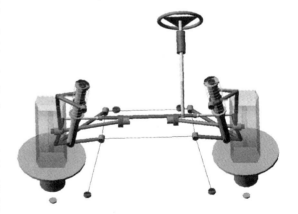

图 7-68 双横臂独立悬架动力学仿真模型

四、双横臂悬架的运动仿真分析

在对所建好的悬架模型进行仿真分析前，应先对该悬架轮胎自由半径、轮胎垂向刚度、质心高度、簧上质量和轴距等相关仿真参数进行设定，具体设定参数如图7-69所示。

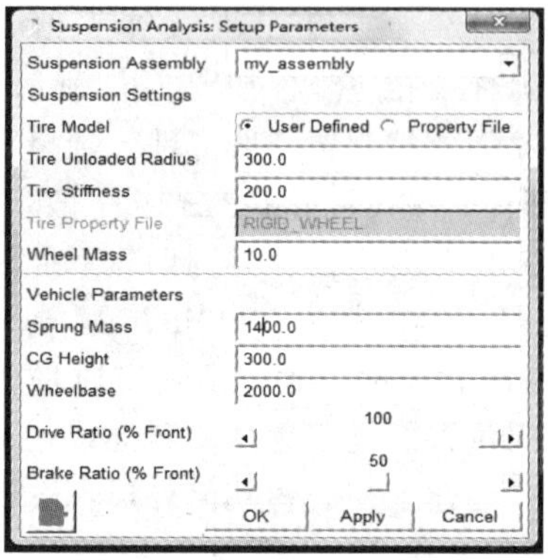

在ADAMS/Car模块中，系统提供了很多的仿真类型，以供用户选择，对于悬架而言，其典型的分析工况有双轮同向激振仿真试验（Parallel Wheel Travel）、双轮反向激振仿真试验（Opposite Wheel Travel）和单轮激振仿真试验（Single Wheel Travel）等。本文拟取外倾角、前束角、后倾角的变化范围和变化趋势，选择双轮同向激振仿真试验和双轮反向激振仿真试验进行分析和优化。

1. 外倾角

外倾角是重要的定位参数之一。车轮跳动时的外倾角变化对车辆的稳态响应特性等有很大影响，所以应尽量减少车轮相对车身跳动时的外倾角变化。为防止车轮出现过大的不足转向或过度转向趋势，一般希望车轮从满载位置起上下跳动40mm的范围内，车轮外倾角变化在1°左右。外倾角过小，将不足以抵消当汽车满载时轮胎的内倾角度，从而无法最大地发挥外倾角的作用，轮胎将会产生不同程度的偏磨损；外倾角过大，轮胎也会产生偏磨损。一般认为外倾角变化范围在-2°~0.5°较为适宜。由图7-70可知，当车轮同向跳动时，悬架外倾角曲线变化范围为-1.9°~1.1°，不符合要求；当车轮反向跳动时，外倾角变化范围为-1.8°~1.1°，基本符合上述要求，但应需进一步予以优化。

图7-69 悬架参数设定对话框

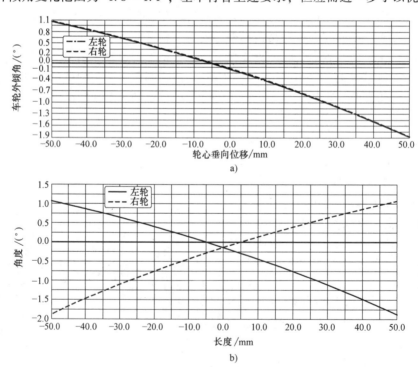

图7-70 外倾角在两种工况下的变化曲线
a）车轮同向跳动 b）车轮反向跳动

2. 前束角

前束角的主要作用是抵消外倾角带来的副作用，若前束角变化过大将会使轮胎的磨损加剧，故希望前束角变化应尽可能小，较适宜的前束角变化幅度为0°~0.5°。图7-71所示为前束角在两种工况下的变化曲线。车轮同向跳动时的变化范围为-2.25°~1.36°，变化幅度较大，不符合要求，需要进行优化；当车轮反向跳动时，前束角变化范围为-3.78°~3.42°，幅度为0.36°，基本符合要求，但需进一步优化。

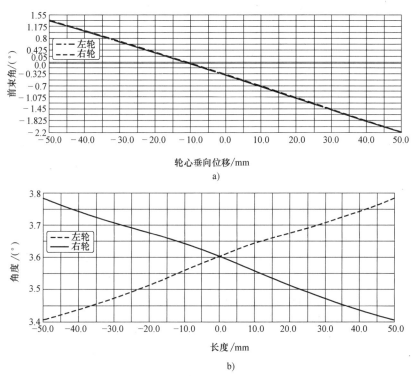

图 7-71　前束角在两种工况下的变化曲线

a）车轮同向跳动　b）车轮反向跳动

3. 后倾角

主销后倾角对转向时的车轮外倾角变化影响较大。若主销后倾角设计较大，则外侧转向轮的外倾角会向负方向变化。当前轮主销后倾角较大时，需增加前轮转向所必需的横向力，以抵消外倾推力，这样不仅转向弱，而且最大横向加速度也会增大后倾角，过小将不能产生合适的稳定力矩，一般认为合理的主销后倾角为2°~3°。由图7-72可知，该双横臂悬架主销后倾角的变化范围在同向车轮跳动时为2.45°~3.72°；在车轮反向跳动时为2.30°~3.55°，角度均偏大，不符合要求。

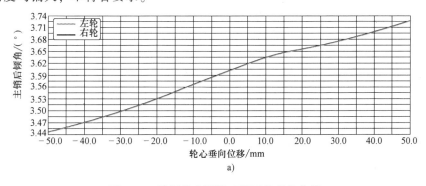

图 7-72　后倾角在两种工况下的变化曲线

a）车轮同向跳动

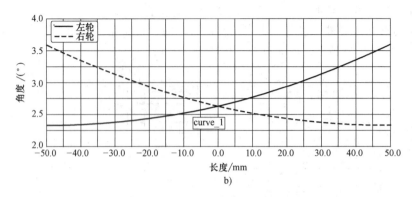

图 7-72 后倾角在两种工况下的变化曲线（续）
b）车轮反向跳动

五、双横臂前悬架优化设计

硬点坐标的变化会改变悬架中各个零件之间的相对位置，继而影响悬架的性能，故将对各硬点坐标进行反复的修改，再对修改后的模型进行仿真分析，以得出修改后各定位参数的变化范围和变化趋势，如不符合要求，则继续对硬点参数进行修改，再次进行分析。经反复修改后，从中选出使得定位参数最符合要求的一组硬点标。

在 ADAMS/Insight 模块中，选取麦弗逊式悬架系统的 9 个关键点作为设计变量，对包括下控制臂前支点（lca_innr_fr）、下控制臂外支点（lca_otr）、转向横拉杆内支点（tierod_innr）和转向横拉杆外支点（tierod_otr）4 个硬点的 12 个坐标值进行优化分析。优化前后双横臂悬架系统各主要硬点的空间坐标参数对比见表 7-3。

表 7-3 优化前后双横臂悬架系统各主要硬点的空间坐标参数对比

ADMAS 硬点坐标名	三维坐标	
	优化前	优化后
lca_front	636, -373, 464	650, 400, 470
lca_outer	625, -736, 424	630, -750, 430
lca_rear	946, -338, 464	940, -330, 460
tierod_inner	781, -400, 562	775, -405, 560
tierod_outer	780, -676, 562	775, -670, 560
uca_front	495, -508, 979	495, -508, 980
uca_outer	661, -713, 962	661, -713, 1000

优化前后的定位参数变化总结对比如下：

1. 外倾角优化结果对比

图 7-73 所示为优化前后车轮外倾角变化对比曲线。可以看出，经优化后，在车轮同向跳动时，外倾角的变化范围由原来的 -1.9°~1.1°变为现在的 -0.55°~0°；在车轮反向跳动时，其变化范围由原来的 -1.80°~1.1°变为了 -0.55°~0°，均符合要求，达到了优化的目的。

2. 前束角优化结果对比

图 7-74 所示为优化前后前轮前束角的变化对比曲线，可以看出车轮同向跳动时，前束

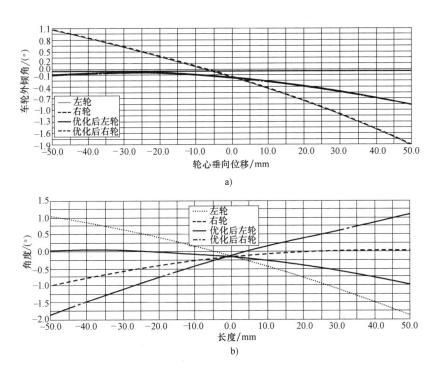

图 7-73 优化前后车轮外倾角变化对比曲线
a) 车轮同向跳动 b) 车轮反向跳动

角变化范围由原来的-2.25°~1.36°变为现在的更接近0°；当车轮反向跳动时，前束角变化范围由原来的-2.3°~1.5°变为现在的-1.6°~0.6°，符合设计要求，达到了优化的目的。

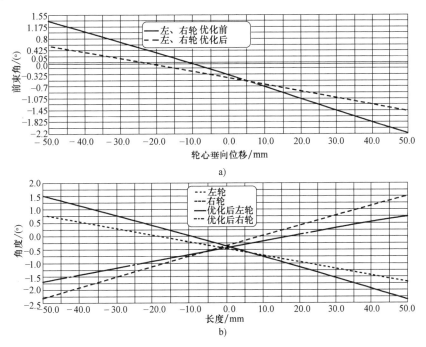

图 7-74 优化前后前轮前束角的变化对比曲线
a) 车轮同向跳动 b) 车轮反向跳动

3. 后倾角优化结果对比

图 7-75 所示为优化前后车轮后倾角的变化对比曲线，可以看出优化后，在车轮同向跳动工况下，后倾角的变化范围由原来的 2.30°~3.55°变为 2.9°~3.05°；在车轮反向跳动工况下，后倾角的变化范围由原来的 3.4°~3.8°变为了现在的 2.9°~3.05°，变化更为平缓，达到了优化的目的。

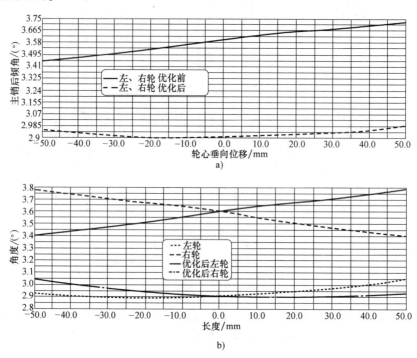

图 7-75 优化前后车轮后倾角的变化对比曲线
a) 车轮同向跳动　b) 车轮反向跳动

参 考 文 献

[1] 王望予. 汽车设计 [M]. 4版. 北京：机械工业出版社，2017.
[2] 董代进. 机械CAD [M]. 重庆：重庆大学出版社，2007.
[3] 王斌，郑德超. 机械制图与CAD基础 [M]. 北京：机械工业出版社，2017.
[4] CAD/CAM/CAE技术联盟. UG NX 10.0中文版从入门到精通 [M]. 北京：清华大学出版社，2016.
[5] 北京兆迪科技有限公司. UG NX 10.0运动仿真与分析教程 [M]. 北京：机械工业出版社，2015.
[6] 蒋清平. 中文版AutoCAD 2016机械制图实训教程 [M]. 北京：人民邮电出版社，2016.
[7] 羊玢. 汽车CAD/CAE技术基础与实例 [M]. 北京：国防工业出版社，2013.
[8] 张启明，关家午. 汽车CAD技术 [M]. 北京：人民交通出版社，2005.
[9] 陈峰华. ADAMS 2016虚拟样机技术从入门到精通 [M]. 北京：清华大学出版社，2017.
[10] 袁锋. UG逆向工程范例教程 [M]. 2版. 北京：机械工业出版社，2014.
[11] 冷纪桐，赵军，张娅. 有限元技术基础 [M]. 北京：化学工业出版社，2007.